새로운 세계사

지구시민을 위한 구상

이 역서는 2008년 정부(교육부)의 재원으로 한국연구재단의 지원을 받아 수행된 연구임(NRF-2008-361-B00001).

새로운 세계사 지구시민을 위한 구상

초판 1쇄 발행 2014년 12월 20일

지은이 │ 하네다 마사시(羽田正)
옮긴이 │ 이수열(李秀烈)
펴낸이 │ 윤관백
펴낸곳 │ 도서출판선인

등 록 │ 제5-77호(1998.11.4)
주 소 │ 서울시 마포구 마포대로 4다길 4(마포동 324-1) 곶마루 B/D 1층
전 화 │ 02)718-6252 / 6257
팩 스 │ 02)718-6253
E-mail │ sunin72@chol.com

정가 15,000원
ISBN 978-89-5933-781-1 93900

· 잘못된 책은 바꿔 드립니다.
· www.suninbook.com

새로운 세계사

지구시민을 위한 구상

하네다 마사시 지음 · 이수열 옮김

도서출판 선인

새로운 세계사 : 지구시민을 위한 구상

『새로운 세계사』가 세상에 나온 지 3년이 채 되지 않는 사이에 한국어판을 출판하게 되었습니다. 매우 영광스러운 일로 감사하고 기쁘게 생각합니다.

이 책은 현대 일본에서 널리 수용되고 있는 세계사 이해의 틀이나 관점이 어떻게 생겨났는지 살펴보고, 글로벌화가 진행되고 있는 오늘날 그러한 틀과 관점이 안고 있는 문제를 지적한 뒤, 앞으로 어떠한 세계사를 새롭게 구축해 나아가야 할지에 대해 저 나름의 제안을 한 것입니다. 이 책은 일본의 세계사 인식에 대해 일정한 지식을 갖고 있는 독자를 대상으로 한 것이기 때문에 한국의 독자에게는 이해하기 어려운 부분이 있을지도 모르겠습니다. 이점 미리 죄송하다는 말씀을 드립니다. 하지만 '세계사'라고 말하는 이상 그것이 일본에서만 통용되는 논리나 이해여서는 곤란할 것입니다. 이 책을 읽으신 한국 독자들로부터 건설적인 비판과 제안을 받을 수 있으면 좋겠습니다.

일본에서 이 책은 연구자와 고등학교 교사를 중심으로 한 많은 사람들로부터 호의적인 평을 들었습니다. 그러나 동시에 지금까지 경험하지 못한 준엄한 비판을 받았던 것도 사실입니다. '세계사'라는 테마가 많은 연구자나 교사와 직접적인 관계가 있는 이상 그것은 당연하고 감사한 일이라고 생각합니다. 본래 이러한 비판에 대해서는 하나하나 성실하게 답변해야 마땅하지만 현재 너무나도 바쁜 직무에 쫓겨 시간을 내지 못하고 있는 실정입니다. 그래서 이번 기회를 통해 그간의 여러 가지 지적 가운데 특히 두 가지 비판에 대한 저의 생각을 간단히 말씀드리고자 합니다. 한국의 독자가 이 책을 읽고 같은 비판을 할 경우에 참고가 되리라 생각합니다.

비판 1 : "세계는 하나"라는 표어를 사용하고 있다. 현대 세계를 글로벌화한 일체적인 것으로 전제하고 세계사를 그 과정으로 묘사해야 한다고 생각하는 것은 아닌지? 애당초 현대 세계는 하나가 아니다.

회답 : '세계'라는 말은 일본어에서 인간집단 전체를 가리키는 경우가 많습니다. 따라서 "세계는 하나"라는 표현은 "사람들 사이에 존재하는 국가, 언어, 민족, 종교의 차이에 눈을 감아라, 사람은 모두 같다"라고 선언하는 것처럼 받아들여질 수도 있을 것입니다.

물론 저의 의도는 그렇지 않습니다. 신중하게 생각하지 않고 "세계는 하나"라는 표현을 사용했지만, 지금은 "지구는 하나"라고 하는 편이 저의 생각을 잘 드러낼 수 있다고 생각합니다. 지구상에 인류가 존재하는 사실은 예전부터 다름이 없고, 세계사를 구상하려면 그 전체에 눈을 돌려야 한다는 취지로 그런 표현을 사용한 것입니다. 지구상의 인간이 모두 서로 연결된 일체적인 것인지 아닌지는 문제가 되지 않습니다. 제각기 뿔뿔이 흩어져 있다면 그렇게 묘사하면 되는 것입니다.

지구상에 다양한 인간집단이 살고 있는 것은 사실입니다. 각자가 각자의 과거를 그리려하는 것은 당연한 일입니다. 또 집단이 달라지면 지구 전체를 보는 위치나 시각이 달라져 세계사 해석도 달라질 것입니다. 하지만 그 경우 그 집단의 과거만을 도려내어 해석할 것인지 아니면 지구 전체의 과거라는 문맥 속에서 해석할 것인지에 따라 역사 이해는 매우 달라질 것입니다. 저는 후자의 방법이 중요하다고 호소하고 있는 것입니다.

비판 2 : 지구시민이라는 개념이 수상쩍다. '시민'이란 말을 사용하는 것은 유럽중심주의적 세계관을 수용하고 있기 때문이 아닌지?

회답 : 일본어에서 '지구시민'이란 말은 그다지 깊이 논의된 바 없이 비교적 긍정적인 의미로 안이하게 사용되고 있는 것이 사실입니다. 다른 적당한 말도 없고 해서 저도 별다른 부담 없이 이 말을 사용했습니다. 이 점은 반성하고 있습니다. 저의 생각을 더 충실하게 중립적으로 표현하는 말은 '지구인'이 아닌가라고 생각합니다. 하지만 이 말은 역사와 그다지 관계가 없는 개념, 예컨대 '화성인'이나 '우주인'처럼 그와 짝이 되는 개념을 필요로 하는 것이어서 그대로 써도 좋을지는 아직 자신할 수 없습니다. 앞으로 영어에서 활발히 논의되고 있는 global citizen에 대한 정치철학적 논의를 참조하면서 '지구시민'이나 '지구인'이라는 말이 일본어로 세계사를 이야기할 때 유효한 개념인지 아닌지 다시 한 번 검토해볼 생각입니다.

이번에도 제가 존경하고 전폭적으로 신뢰하는 이수열 선생님에게 번역을 부탁드렸습니다. 지금까지와 마찬가지로 훌륭한 번역이 되리라 확신합니다. '세계사'는 앞으로의 세계를 생각할 때 결코 무시할 수 없는 중요한 키워드 가운데 하나입니다. 이 조그만 책이 한국 독자와 저 사이에서 세계사에 관한 대화가 시작되는 계기가 되기를 바라마지 않습니다.

2014년 9월 1일
하네다 마사시

머리말

이 책은 세계사에 관한 책이다. 그렇지만 이 책을 읽는다고 해서 세계사를 알 수 있다는 말은 아니다. 오히려 이 책은 지금까지 우리들이 알고 있는 세계사의 상식을 뒤엎으려 하는 것이다. 그리고 난 뒤 새로운 세계사를 만들어 낼 것을 제안할 생각이다.

현재 우리들이 배우고 또 알고 있는 세계사는 더 이상 시대와 맞지 않게 되었다. 오늘날에 어울리는 새로운 세계사를 구상해야만 한다. 바로 이 점이 이 책이 전하고자 하는 메시지이다. 지금 우리들이 갖고 있는 세계사 인식은 어떤 것이고, 그중 어떤 부분이 어떻게 문제인가? 새로운 세계사란 어떤 것이며, 어떻게 하면 그것을 만들어 낼 수 있는가? 이러한 문제들에 관해 논해볼 생각이다. 즉 세계사 그 자체를 말하자는 것이 아니라 세계사를 이야기하는 방법에 관해 생각해 보자는 것이다.

요즘 필자는 처음 만나는 사람이 연구 분야를 물어오면 "세계사"라고 대답한다. 그러면 상대방은 어김없이 "어떤 지역의 역사입니까?", "어느 시대죠?"라고 되묻는다. "장소나 시대에 상관없이 세계사 전체를 어떻게 서술하면 좋을지에 대해 연구하고 있습니다."라고 다시 답하면 상대는 당황스러움과 놀라움이 뒤섞인 얼굴을

하며 할 말을 잊은 듯 "아 그렇군요."라고 말할 뿐이다. 대부분의 대화는 이렇게 끝난다. 당연한 일이다. 필자의 대답은 두 가지 의미에서 상식 밖이기 때문이다.

상식적으로 생각해서 세계사의 대략적인 내용과 그 서술방법은 이미 정해져 있다. 그렇기 때문에 우리는 그것을 지식으로서 고등학교에서 배운다고 믿고 있다. 또 역사 연구자란 일정한 지역과 시대를 전문 분야로 삼고, 일생 동안 그 분야에 관한 자료나 연구 성과를 빠짐없이 읽고 또 세밀한 실증 연구를 하는 사람이라고 여겨지고 있다. 필자가 하는 대답은 그 어느 쪽의 상식과도 부합하지 않는다. 이 사람이 정말 역사 연구자인가라고 의심하는 사람도 많을 것이다. 그러나 필자는 좀 파격적이긴 하지만 일부러 세계사가 전문이라고 선언함으로써 현재 우리들이 당연시하고 있는 세계사 이해가 결코 절대적인 것이 아니라는 사실을 사람들에게 알리고자 한다.

이 책은 오늘날의 세계사 서술이나 이해 방법에 의문을 품고 새로운 세계사를 어떻게 기술하면 좋을지에 대해 최근 몇 년 동안 시행착오를 거듭해온 필자의 사색의 중간보고이다. 아직 완전하지 않다는 점은 자각하고 있다. 그렇지만 필자가 보기에, 종래의 세계사 이해는 오늘날 세계 각지에서 발생하는 문제들과 관련해 무비판적으로 동원되거나 마치 더 이상 의심할 여지가 없는 것인 양 받아들여지고 있으며, 또 그런 태도에 근거해서 분석과 해설, 제안 등이 이뤄지고 있다. 이러한 상황을 조금이나마 바꾸기 위해서라도 하루 빨리 목소리를 내야 한다고 생각하기에 이르렀다. 이 책이 계기가 되어 세계사 연구방법이나 교육·연구체제에 관한 논의가

활발히 이루어져, 그 결과 새로운 세계사가 모습을 드러내 세계를
바라보는 사람들의 눈이 달라지기를 기대하는 바이다.

차례

■ 한국어판 서문 | 새로운 세계사—지구시민을 위한 구상 / 5
■ 머리말 / 9

서장 | 역사의 힘 ·· 15

제1장 | 세계사의 역사를 되돌아보다 ···························· 25

  1. 현대 일본의 세계사 / 25

  2. 근대 일본의 역사 인식 / 33

  3. 세계사의 탄생 / 39

  4. 일본 국민의 세계사 / 49

제2장 | 지금의 세계사의 문제점 ·························· 57

  1. 각자의 세계사 / 57

  2. 현상을 추인하는 세계사 / 71

  3. 유럽중심사관 / 78

제3장 ┃ 새로운 세계사로 가는 길 ························ 91

1. 새로운 세계사의 매력 / 91

2. 유럽중심사관을 넘어 / 100

3. 모든 중심사관을 넘어 / 107

4. 중심과 주변 / 115

5. 관계성과 상관성의 발견 / 127

제4장 ┃ 새로운 세계사의 구상 ························ 139

1. 새로운 세계사를 위하여 / 139

2. 세 가지 방법 / 150

3. 세계의 겨냥도 / 154

4. 시계열사에 집착하지 않는 역사 / 161

5. 가로로 연결된 역사 / 169

6. 새로운 해석을 향하여 / 175

종장 ┃ 근대지의 쇄신 ························ 189

■ 맺음말 ························ 197

■ '아시아 교역권론'의 역사상 ┃ 이수열

 : 일본사를 중심으로 ························ 201

1. 서론 / 201

2. 에도시대와 일본공업화 / 208

3. 근대아시아와 일본자본주의 / 220

4. 결론 / 230

서장 | **역사의 힘**

역사에는 힘이 있다. 현실을 바꾸는 힘이 있다. 사람들에게 미래를 제시해 보이는 힘이 있다. 이 역사의 힘으로 현대 세계를 에워싸고 있는 꽁꽁 막힌 느낌을 떨쳐버리고 미래를 향한 전망을 획득할 수는 없을까?

지나간 과거를 이야기하는 역사에게 과연 그런 힘이 있을까라고 의심스럽게 생각하는 사람도 있을 것이다. 그러나 그것은 틀림없는 사실이다. 패전 이전의 황국사관을 상기해보자. 국사교과서는 신무천황(神武天皇)의 동정(東征)을 황국 일본의 출발로 명기하고 있었고, 1940년에는 기원 2600년을 기념하는 행사가 열렸다. 많은 국민들은 만세일계(萬世一系)의 천황가가 통치하는 대일본제국을 특별하다고 믿었고, 동아신질서 건설을 제국의 책무로 여겼던 지도자들이 나라를 이끌어 대일본제국은 중일전쟁에서 태평양전쟁으로 치달았다.

황국사관이 붕괴한 제2차 세계대전 이후의 언론계에서는 근대주의와 마르크스주의 계열의 역사학자들이 활약했다. 그들은 서로의 역사관을 비판하는 관계였지만 한편에서는 전쟁에서 진 일본을 구미 사회와 비교하여 아시아적 혹은 후진적이라고 보는 점에서는 입장을 공유하고 있었다. 말하자면 그들은 같은 씨름판 위에서 시합을 벌이는 라이벌과 같은 관계였다. 일본을 후진적이라고 평가하는 역사관에 입각한 그들의 많은 저작은 세계와 일본을 바라보는 일반 일본인들의 시각에 커다란 영향을 주었고, 구미 따라잡기를 지상명제로 한 전후 일본사회의 골격과 방향성을 형성했다.

　역사가 인간과 사회를 움직이는 힘으로 작용하는 것은 비단 일본만의 현상이 아니다. 19세기 북서유럽에 좋은 예가 존재한다. 오늘날 우리들은 독일사나 프랑스사와 같은 역사 서술 방법과 이해의 틀을 당연하다고 생각한다. 그러나 이러한 틀은 오래전부터 있어왔던 것이 아니다. 레오폴트 폰 랑케(Leopold von Ranke, 독일)나 쥘 미슐레(Jules Michelet, 프랑스)와 같은 19세기의 역사가들의 저작이 그러한 서술과 이해의 틀을 만들었던 것이다. '국가'를 단위로 과거를 묘사한 그들의 작품은 독일이나 프랑스라는 '국가'에 귀속하게 되는 사람들(국민)의 역사 인식의 기초가 되었다. 이런 역사 인식이 현실의 정치적 움직임과 연동하여 국민국가로서의 독일과 프랑스가 점차 그 모습을 드러내게 되는 것이다. 베를린과 파리의 국립대학에 역사학 강좌가 설치된 것도, 또 그것을 모방하여 일본의 제국대학(도쿄대학)에 역사학 강좌가 만들어진 것도, 성립한 지 얼마 되지 않은 새로운 국가체제가 국가의 내력과 기반을 설득력 있게 제시하여 국가에 대한 사람들의 귀속의식을 양성하는 역사학적 서사를 필요로 했기 때문이었다.

　역사는 현실을 바꾸고 사람들에게 미래를 제시하는 힘을 갖고 있다. 과거를 연구함으로써 현대를 이해하고 미래를 전망하는 역사학은 결코 '허학(虛學)'이 아니다. 현실의 인간사회와 밀접한 관련이 있는 '실학'이다. 물론 고층건물이나 멀리 떨어져 있는 사람에게 순식간에 메일을 보낼 수 있는 인터넷과 같은 과학기술처럼 사람들의 생활 향상과 직결되어 있는 것은 아니다. 그러나 역사학이 생성해내는 역사 해석은 깊고 조용하게 그리고 시간을 두고 사람들의 세계관에 영향을 미쳐 인간사회의 구조나 존재형태를 근본적으로 변화시켜 나간다.

활기가 없는 역사학

:

그런데 오늘날 일본에서 역사 이해를 생성하는 근원이라 할 수 있는 역사학과 역사 연구자에게 활기가 보이지 않는다. 2000년대에 들어서 세계와 일본을 뒤흔드는 큰 사건이 계속됐다. 오래된 예로는 2001년 9월 11일에 일어난 동시다발 테러와 이라크전쟁, 고이즈미 준이치로(小泉純一郎) 수상의 야스쿠니신사 참배에서 발단된 일본, 중국, 한국 사이의 소위 '야스쿠니 문제'와 역사 인식 차이를 둘러싼 알력, 비근한 예로는 센카쿠(尖閣)열도나 독도와 관련된 일중, 일한 간의 분쟁 등, 역사학자가 학계의 연구 성과를 토대로 적절한 해설을 하거나 건설적인 의견을 제시할 기회는 많이 있었을 법하다. 하지만 일부 예외를 제외하고 그러한 장면을 본 적이 없다. 예전에 비해 역사학자가 사회 추세에 큰 영향을 미치는 저작을 발표할 기회는 확실히 감소했다. 안타깝게도 오늘날 일본의 역사학이 만들어내는 논의나 서술에는 예전과 같이 현실을 바꾸는 구상력이나 미래를 제시하는 매력을 잘 찾아볼 수 없다.

사람들이 과거에 관심이 없어졌기 때문만은 아닐 것이다. 고대 로마를 시작으로 근대의 청나라나 일본을 소재로 한 많은 역사소설이 인기몰이를 하고 있고, 그 가운데는 텔레비전 드라마로 방영되는 예도 있다. NHK의 대하드라마는 과거에서 소재를 따온 현대판 홈드라마라는 평가도 있지만 여전히 인기가 높다. 역사상의 인물이 영화 소재가 되거나 역사적 사건이 영화 배경으로 등장하는 경우도 자주 있다. 게임 소프트의 세계에도 '노부나가(信長)의 야망'이나 '삼국지'와 같은 역사물은 대체로 인기가 있는 모양이다. '역녀(歷女)'라고 불리는 역사를 좋아하는 젊은 여성들이 일본 전국의 사적지를 돌아다닌다고 한다. 사람들은 여전히 과거에 관심을 갖고 있는 것이다.

군이 말하면 역사와 관계가 있으면서 활기가 없는 것은 본래 역사를 이야기해야 할 입장에 있는 역사학과 역사 연구자들뿐인지도 모른다. 왜 그럴까? 내가 보기에 그 이유는 결코 단순하지 않다. 여러 가지 요인이 복합되어 있다. 그러나 가장 큰 원인은 일반인들이 요구하는 역사상과 역사 연구자가 제출하는 연구 성과 사이에 무시할 수 없는 차이가 있기 때문일 것이다. 역사 연구자는 착실하게 연구를 하고 있지만 그것이 일반 사람들의 가슴에 다가가지 않고 있는 것이다.

자주 이야기되는 것처럼 역사란 오늘을 사는 우리들에 의한 과거에 대한 물음이다. 자신들이 살고 있는 지금을 이해하고 앞으로 나아갈 방향을 정하기 위해 우리는 역사를 필요로 한다. 그러나 현재는 순식간에 과거가 되고 그 모습은 시시각각 변화하고 있다. 당연히 과거에 대한 물음도 그때그때 달라질 것이다. 어떤 관점에서 과거를 보고 과거의 어떤 것을 중요하다고 생각하는가는 개인이나 집단에 의해, 또 시대에 따라 다르다. 과거의 해석과 이해는 결코 불변한 것이 아니며 오직 하나만 존재하는 것도 아니다.

앞에서 말한 황국사관이나 패전 이후 일본의 역사학은 각각의 시대에 많은 사람들에 의해 지지를 받고 수용된 것이었다. 그러나 지금 시점에서 다시 한 번 그 설명을 들어보면 매우 이상한 느낌이 든다. 어느 쪽도 일본과 세계의 현상을 잘 설명하지 못하고 있어, 그것을 읽어도 일본과 세계가 현재 상태에 이르게 된 과정을 이해하고 장래를 전망할 수 없기 때문이다. 이처럼 시대가 바뀌고 사회가 변하면 사람들이 요구하는 과거와 그것을 바라보는 사람들의 눈도 변화한다. 사람들이 필요로 하는 역사는 시간과 함께 변화하며 그 모습을 바꿔간다.

시대에 걸맞은 역사적 화두가 제공되었을 때 사람들 사이에서 논의가 일어나고 때때로 그것이 사회 전체를 움직이는 에너지가 된다. 제2차 세계대전이 끝나고부터 1980년 무렵까지 일본에서는 그러한 시대와 역사의 행복한 만남이 자주 있었다. 그렇다면 오늘날 많은 역사 연구자들은 일반 사람들이 관심을 가지고 자신들의 문제로 여길만한 역사상이나 소재를 제공하지 못하고 있는 것은 아닐까?

시대가 앞서가고 있음에도 불구하고 많은 역사학자들은 이삼십 년 전 위치에 머물러 있는 상태이다. 연구 테마가 세분화되어 본인 말고는 거의 아무도 읽지 않을 논문이 계속 생산되고 있다. 예전에는 중요했던 연구 관점이 현재는 그 의미를 상실한 경우도 자주 있다. 연구의 틀이나 문제관심이 이미 과거의 것이 되었다면 그 위에 어떤 것을 쌓아올려도 일반 사람들의 관심을 얻기란 힘들다.

왜 이 테마를 연구하는가? 오늘날 이 테마를 연구하는 의미는 무엇인가? 이러한 점에 대해 역사 연구자는 충분히 자각적이어야 한다.

현대에는 현대가 필요로 하는 역사 인식이 있을 터이다. 사람들이 자신의 문제로서 심각하게 논의하고 새로운 역사 인식을 생성하려 들 때 그것이 힘이 되어 시대를 변화시키는 것이다. 지금 역사학자에게 요구되는 것은 학계의 '상식'에 충실히 따르는 것이 아니라 시대에 걸맞은 역사 인식을 과감하게 제안하는 일이다.

새로운 세계사의 힘

:

그렇다면 현대인에게 필요한 과거에 대한 관점은 무엇일까? 그 대답은 새로운 세계사이다. 세계사는 세계를 바라보는 눈의 기초가 되어, 글로벌한 세계에서 일어나고 있는 여러 일들을 깊고 균형 잡힌 시각으로 이해하고 우리 사회가 앞으로 나아갈 방향을 정하는 데 꼭 필요한 교양이기 때문이다.

"지금 와서 무슨 소릴 하는 거야. 세계사는 이미 있지 않은가? 고등학교 때 배워서 이미 익히 알고 있어. 그렇지만 실제 생활엔 아무 도움이 안 돼."라고 말하는 사람이 틀림없이 있을 것이다. 그렇지만 여기서 이야기하는 세계사란 지금 우리들이 알고 있는 세계사가 아니다. 우리들이 아직 모르는, 지금부터 만들어내야만 하는 '지구사회의 세계사'이다. 이 세계사야말로 우리에게 역사의 힘을 재확인시켜 줄 것이다. 왜냐하면 지구사회의 세계사는 세계가 하나라는 사실을 전제로 하여 구상된 것으로, 그것을 읽는 사람으로 하여금 '지구시민'이라는 새로운 귀속의식을 갖게 할 것이기 때문이다.

현대 세계가 하나로 움직이고 있는 사실은 누가 보아도 아는 일이다. 세계는 어느 한 부분과 공간적으로 떨어진 다른 한 부분이 서로 영향을 주고받으며 복잡하게 뒤얽혀 움직이고 있다. 세계 전체를 관망하면서 하나하나의 부분에 주목하지 않으면 어떤 사건도 충분히 이해할 수 없다. 예를 들어 일본의 서브컬처나 젊은이들의 문화는 세계의 많은 젊은 사람들의 기호, 패션, 음악에 큰 영향을 미치고 있다. 오늘날 프랑스에서 '일본'이라고 하면 많은 사람들은 만화나 애니메이션, 코스튬 플레이 등을 머리에 떠올린다고 한다. 다른 한편에서 보면 일본의 서브컬처 그 자체가 다른 나라 사람들로부터 여러 가지 영향을 받아 성립한 것이기도 하다.

미합중국에서 발생한 리먼 쇼크는 세계 각국의 경제에 심대한 영향을 미쳤고, 그 결과 이번에는 미국의 경제와 정치가 흔들리고 있다. 인터넷에 국경이 없는 것처럼 테러리스트 집단도 국가별로 활동하지 않는다. 최근에도 우리는 인터넷을 활용한 튀니지 정변이 인터넷을 통해 다른 나라의 정치나 사회의 지각변동과 직결하는 모습을 눈앞에서 보았다. 후쿠시마 원전사고가 독일 선거 결과에 커다란 영향을 주었다. 지구온난화현상은 어느 한 나라 사람들의 행위만으로 발생한 것이 아니다. 세계 모든 사람들의 행동의 총화가 환경문제를 야기했고, 그것이 다시 우리들 자신에게 되돌아온 것이다.

이러한 예를 떠올려보면 현대 세계가 하나의 구조를 갖고 움직이고 있는 것은 명백하다. 일부 국가나 집단을 단위로 하여 세계 각지에서 일어나는 수많은 난제를 해결하기에는 많은 어려움이 따른다. 이미 세계가 하나의 구조로 통합되어 있기 때문이다. 따라서 세계 사람들이 같은 사회에 속하고 있다는 점을 의식하고 세계 전체를 시야에 넣어 서로 협력하며 행동하는 것이 꼭 필요하다. 사람들이 '지구사회'를 명확하게 의식하게 되면 환경이나 자원을 둘러싼 문제, 세계적 동시불황, 원자력발전에 대한 대응 등, 나라마다 제각기 의견이 달라 근본적인 해결이 미루어지고 있는 현 상황은 크게 개선될 것임에 틀림없다.

하지만 실제로 사람들이 지구사회를 의식하며 발언하고 행동하는 경우는 그다지 많지 않다. 세계 전체에서 경제가 상당한 정도로 일체화되고 문화도 공통점을 많이 갖게 되었음에도 불구하고 사람들이 아직도 국민국가나 주권국가라는 한정된 인간집단이나 공동체에 강한 귀속의식을 갖고 국가적 이해를 제일 먼저 생각하는 것이 주된 원인이다. 모두가 같이 지구상에 살고 있는 '지구시민'이라는 의식이 별로 없는 것이다.

바로 그러한 점에 새로운 세계사를 구상하는 적극적인 의미가 있다. 이 세계사는 지구시민이 공유해야 하는 세계사이다. 아직은 막연한 지구시민이라는 귀속의식을 친근한 것으로 만들어, 오직 하나 뿐인 지구상에 사는 사람들이 서로 힘을 합쳐 난제를 해결하기 위한 지식의 기반을 형성해야 한다. 지금까지의 세계사는 일본인의 세계사, 영국인의 세계사, 태국인의 세계사 등과 같이 각 국민의 세계사였다. 오늘날 그러한 것으로는 더 이상 충분하지 않다. 현대에 걸맞은 지구사회의 세계사를 만들어내야 한다. 그것을 통해 발생하는 역사의 힘에 의해 미래에 대한 새로운 전망이 열릴 것이다.

이 책의 구성

:

"우리가 알고 있는 세계사는 오늘날 더 이상 시대와 어울리지 않게 되었다. 현대에 걸맞은 새로운 세계사를 구상해야 한다." 본서가 내걸고 있는 이 메시지는 세 부분으로 나눌 수 있다. 현재 우리가 배워서 알고 있는 세계사가 존재한다는 점, 그것은 더 이상 시대와 어울리지 않게 되었다는 점, 그리고 새로운 세계사를 구상하자는 제언, 이 세 가지이다. 본서는 이 세 부분에 대응하여 다음과 같은 네 개의 장으로 구성되어 있다.

제1장 : 현재 우리가 알고 있는 세계사란 어떤 것인가? 먼저 그 특징을 확인한 뒤 그러한 세계사가 어떤 경위를 거쳐 일본에서 일반화되었는지를 설명한다. 이 부분은 현대 일본의 세계사 이해의 개략과 성립 경위에 대한 확인이다. 세계사의 역사라고 해도 좋을 것이다. "개략이나 경위 따위 어쨌건 좋다. 지금의 세계사는 어디가 문제이고 어떻게 하면 되는지를 알고 싶다"라고 생각하는 독자는 제1장을 건너뛰어도 상관없다.

제2장 : 우리가 알고 있는 세계사는 왜 시대와 맞지 않게 되었는지 또 어디에 문제가 있는지에 대해 설명한다. 유럽중심사관을 중간에 두고 서로 관련하는 세 개의 포인트가 현행 세계사 인식의 문제점이라는 사실을 지적하고, 새로운 세계사가 그것을 극복해야 하는 점을 주장한다.

제3장 : 이 장과 다음의 제4장은 앞서 말한 메시지의 마지막 부분, 즉 "새로운 세계사를 구상하자"에 대응한다. 이 장에서는 새

로운 세계사를 위해 지금까지 시도되었던 여러 가지 노력들을 중심사관으로부터의 탈각과 공통성·관련성의 중시라는 두 범주로 구분하여 소개한다. 지금까지의 시도는 어떤 부분이 유효하고 어디가 문제였는지를 지적한다.

　　제4장 : 이 장에서는 필자가 구상하는 세계사는 어떠한 것이며, 구체적으로 어떤 방법을 택할 것인가에 대해 설명한다. 새로운 세계사란 이미 우리 눈앞에 있는 것이 아니다. 지금부터 만들어내야 하는 것이다. 따라서 여기에서 제시하는 구상은 아직 미완성이다. 또 이 구상만이 유효하다는 말도 아니다. 새로운 세계사에 대한 논의를 환기하기 위한 하나의 디딤돌로 생각하면 좋겠다.

제1장 | 세계사의 역사를 되돌아보다

1. 현대 일본의 세계사

여러 가지 세계사

:

이 책을 시작하면서 먼저 현대 일본에서 세계사가 일반적으로 어떻게 이해되고 있는지를 확인해두자. 한마디로 '세계사'라고는 하지만 서술 방법이나 이해 방식은 그 사람이 일본의 어느 지역에 살고 있는지, 어떤 생활을 하고 있는지, 어떤 가치관을 갖고 있는지, 또 역사 속에서 무엇을 찾고자 하는지 등에 따라 상당히 차이가 날 것이다. 여러 가지 세계사가 존재할 수 있다는 말이다.

실제로 '세계사'란 이름이 붙은 많은 종류의 책이 출판되어 있고 그 내용도 제각기이다. '문명네트워크의 세계사', '해항도시의 세계사', '바다에서 본 세계사'와 같이 세계사를 바라보는 시점을 강조한 것이 있는가 하면, '질병의 세계사', '설탕의 세계사'처럼 어떤 물건이나 현상을 세계사적 문맥에서 이야기한 것도 있다. 세계 각지의 의복, 장신구, 결사, 국기, 위조지폐, 스파이, 질투 등 다종다양한 테마가 세계사라는 이름으로 이야기되고 있다. 심지어 '독살의 세계사'라는 무시무시한 제목의 책도 있다. 또 20권 혹은 30권이나 되는 세계사 전집도 출판되고 있다. 이처럼 세상에는 세계사와 관련된 수많은 책이 존재한다.

그러나 실은 이러한 다양한 세계사는 모두 어떤 특정한 세계사의 존재를 전제로 하여 기술된 것이다. 그것은 사람들이 고등학교에서 배우는 세계사 서술의 틀과 흐름이다. 다양한 것처럼 보이는 세계사 관련 서적들의 내용은 고등학교 세계사 교과서의 구조나 서술에 대한 문제제기, 불충분한 내용의 보충, 언급하지 않는 화제의 추가, 더 상세한 역사적 사실의 소개 등 모두 '부동의 세계사'의 존재를 전제로 한 것이다. 얼핏 다양한 세계사가 존재하는 것처럼 보이지만 그것은 커다란 틀과 흐름을 공유한 위에서의 차이에 불과하다. 그렇다면 부동의 세계사의 기본적인 구조는 어떠한 것인가?

학습지도요령
:

일본의 모든 고등학교용 교과서의 내용은 문부과학성(文部科學省)이 공시하는 학습지도요령(學習指導要領)에 준거하고 있다. 세계사 교과서는 많은 종류가 있지만 역사서술의 큰 흐름에서는 모두 대동소이하다. 모든 교과서가 학습지도요령에 따라 집필되고 있기 때문이다. 세계사에 관한 사람들의 지식은 교과서보다 학습지도요령으로부터 큰 영향을 받고 있는 셈이다.

문부성(文部省, 현재의 문부과학성)이 고등학교 학습지도요령을 공시한 것은 제2차 세계대전 이후의 일이다. 1947년에 '시안' 형태로 제1회 학습지도요령이 공시된 이래 현재까지 모두 9번의 공시가 있었다. 최근에는 거의 10년에 한 번씩 개정되어 2009년 3월에 새로운 학습지도요령이 발표되었다. 교과서를 출판하는 회사와 집필자들은 이 학습지도요령을 참고로 하여 새 교과서를 준비한다.

학습지도요령은 실제로 누가 어떻게 작성하는 것일까? 상세히 알지 못하지만 문부과학성 웹사이트를 보면 대학과 고등학교 교원, 교육위원회 관계자, 문부과학성 담당자들이 중앙교육심의회 초등중등교육 분과회의 전문부회에서 거의 완성된 학습지도요령안에 대해 논의하는 사실을 알 수 있다. 그러나 그 전 단계에 관한 정보는 공개하지 않고 있다. 관계자들의 합의에 의해 원안이 작성될 것이라고 추측할 뿐이다.

여기서 가장 최근에 공시된 학습지도요령을 소개하도록 하자. 학습지도요령은 먼저 세계사를 학습하는 목표에 대해 이야기한다. 고등학교에서 배우는 세계사는 2시간용 세계사A와 4시간용 세계사B가 있다. 각각에 대응하는 학습지도요령이 존재하는데 여기서는 더 상세한 세계사B의 목표를 인용해보자. 세계사A의 목표도 그다지 큰 차이는 없다.

"세계 역사의 큰 틀과 전개를 지리적 조건이나 일본 역사와 관련지어 이해시키고, 문화의 다양성·복합성과 현대 세계의 특질을 넓은 시야에서 고찰하도록 함으로써 역사적 사고력을 배양시키고 국제사회에서 주체적으로 살아가는 일본 국민으로서의 자각과 자질을 키운다."

일본 역사와 세계 역사, 일본 국민과 국제사회라는 말이 서로 대칭을 이루며 사용되고 있는 점에 주목할 필요가 있다. 세계사를 배우는 데 있어 일본과 일본 국민, 그리고 일본 역사가 전제가 되고 있음을 알 수 있을 것이다. 일본은 독자적인 역사를 갖고 있고 그것이 세계 역사와 어떠한 연관이 있는지를 배우는 자세가 요구되고 있는 것이다.

이처럼 학습지도요령이 생각하는 세계사는 어디까지나 일본 국민을 위한 것이다. 학습지도요령이 일본의 문부과학성이 제시하는 지침인 이상 그것은 당연한 일이라고도 할 수 있다. 실제로 이하에서 소개하는 바와 같이 구체적 내용을 지시한 부분에서 '일본 역사도 언급할 것', '일본 역사와 관련지을 것'과 같은 표현을 몇 번이나 사용하고 있다. 세계사를 학습함으로써 사람들이 일본국가에 대한 귀속의식을 강하게 가질 것을 기대하고 있는 것이다.

세계사의 큰 틀
:

학습지도요령 목표가 이야기하는 '세계 역사의 큰 틀'이란 어떤 것일까? 계속해서 세계사B의 학습지도요령을 예로 들어 구체적으로 검토해보자. 표 1에서 보는 것처럼 학습지도요령의 내용은 모두 다섯 부분으로 나뉘어져 각각 제목과 목표가 기술되어 있다.

|표 1| 세계사B의 학습지도요령 내용

내용
1. 세계사의 문 자연환경과 인류의 관계, 일본 역사와 세계 역사의 관련, 일상생활에서 세계 역사와의 관련성을 알 수 있는 적절한 주제를 설정하여 고찰함으로써 지리와 역사에 대한 관심을 고양시켜 세계사 학습의 의의를 알게 한다.
2. 지역세계의 형성 인류가 각 지역의 지연환경에 적응하면서 농경이나 목축을 기초로 한 문명을 만들었고 그것을 바탕으로 하여 더 큰 지역세계를 형성한 사실을 파악하게 한다.
3. 지역세계의 교류와 재편 유라시아 해역과 내륙 네트워크를 배경으로 지역세계 간의 교류가 한층 더 활발해져 새로운 지역세계의 형성과 재편을 촉진한 사실을 알게 한다.
4. 지역세계의 결합과 변용 아시아의 번영과 유럽의 확대를 배경으로 지역세계의 결합이 더욱 진전됨과 동시에 주권국가체제를 구축하고 공업화를 달성한 유럽의 진출로 말미암아 세계의 구조화가 진행되고 사회 변용이 촉진되었다는 사실을 이해하게 한다.
5. 지구세계의 도래 과학기술의 발달과 생산력의 현저한 발전을 배경으로 세계는 지구 규모로 일체화되었고 두 번의 세계대전과 냉전을 거쳐 상호의존이 한층 강화되었다는 점을 이해하게 한다. 또 오늘날 인류가 직면하고 있는 과제를 역사적 관점에서 고찰하여 21세기의 세계를 전망하게 한다.

세계사 학습의 목적과 의의를 확인하는 제1부를 제외하고 제2부에서 제5부까지의 구체적인 내용을 정리하면 다음과 같다.

세계 각지(특히 유라시아)에 독자적인 특징을 가진 지역세계가 형성되고 시간이 경과함에 따라 점차 서로 간의 관계가 심화되면서 재편과 변용을 맞이하게 된다. 19세기가 되면 그 가운데서 국민 형성과 공업화를 이룩한 유럽 세계가 돌출하여 지구 각지에 진출함으로써 세계의 구조화와 각 지역의 사회 변용이 진행되어 현대 세계가 성립한다.

이것이 학습지도요령이 말하는 '세계 역사의 큰 틀'이다. 세계 사의 흐름을 몇 개의 지역세계의 형성, 교류, 재편, 변용, 일체화의 과정으로 파악하는 것이 그 특징이다.

|그림 1| 현대 일본의 일반적인 세계사 이해

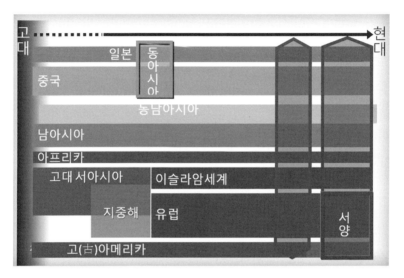

본래 따로 존재하던 지역세계가 16세기 이후 유럽이 세계 각지로 진출함에 따라 점차 일체화되어 가는 것으로 파악되고 있다.

이러한 관점을 간단하게 도식화하면 그림 1과 같이 된다. 학 습지도요령은 고(古)아메리카나 아프리카 등을 반드시 '지역세계' 로 명시하고 있지는 않다. 그러나 지구 각지에 독자적인 지역세계 가 존재한다는 학습지도요령의 기본적인 생각에 입각한다면 세계 사의 틀을 그림과 같이 이해해도 무방할 것이다. 단 동아시아와 일 본의 관계는 조금 미묘하다. 학습지도요령에서 일본은 동아시아세

계에 포함되는 것 같기도 하고 그렇지 않은 것 같기도 하다. 이 점
은 현행 세계사 설명이 갖는 약점의 하나이기도 하다.

교과서는 말한다
  :

세계사 교과서 중에는 책 앞머리에 세계사 학습의 의의를 강
조하고 흐름을 요약하고 있는 것도 많이 있다. 그것을 읽어보면 세
계사에 대한 저자의 기본적인 생각을 알 수 있다. 대표적인 교과서
두 권을 인용해보자.

> "역사를 학습하기 위해서는 세세한 것은 차치하고 깊은 산의 연못이 하
> 천이 되고 강이 되어 결국 바다로 흘러들어가는 물의 '흐름'을 이해하는 것
> 이 가장 중요합니다. 이 교과서는 그 흐름을 대략 네 단계, 즉 네 편으로
> 구분했습니다. 제1편은 지역마다 제각기 다른 자연환경(풍토) 속에서 사람
> 들이 풍토에 적합한 생활 방법을 고안해내고 살아가기 쉬운 일정 지역에
> '문명세계'를 형성한 사실. 제2편은 그러한 복수의 문명세계가 서로 경쟁하
> 듯 각자의 번영을 위해 노력한 사실. 제3편은 육로와 해로의 개발로 문명
> 세계 간의 교류가 밀접하게 되고 곧이어 문명끼리 서로 충돌하여 힘 있는
> 문명세계가 다른 세계를 압도하는 등 이 시기에 와서 세계가 일체화되었다
> 는 사실. 제4편은 일체화가 불행한 세계대전으로 귀결되고 모든 일이 지구
> 규모의 문제가 되어 '오늘'에 이르렀다는 사실. 이상과 같은 내용들입니다."
> (『世界史B』 2007년판, 東京書籍, 3쪽)

> "우리가 세계사를 생각할 때 출발점이 되는 것은 각 지역의 움직임이
> 서로 영향을 주고받으며 긴밀하게 하나의 세계를 이루고 있는 현대이다.
> 일체적 세계란 고유한 문화를 가진 서로 다른 사회가 복잡하게 작용하는
> 장으로서, 그러한 사회의 관계는 결코 평등한 정치적 · 경제적 조건하에 처

해 있는 것이 아니다. 일체화가 진행된 과정을 보면 그것은 15세기 말 이래 유럽의 진출로 말미암은 일로, 진출을 불러일으킨 유럽 사회 내부의 변화와 그 외 지역 간의 관계가 문제가 된다.

그렇다면 왜 유럽에는 진출을 야기한 역사적 사정이 존재했고 기타 지역에는 존재하지 않았는가? 여기서 그 이전의 각 지역의 독자적 발전 방식이 문제가 되는데, 이 시기의 발전이 '지역세계'라고 일컬어지는 것의 기본이 형성되어가는 과정이기도 하다."(『新世界史』 2009년판, 山川出版社, 3~4쪽)

두 교과서가 제시하고 있는 세계사의 대략적인 흐름은 기본적으로 같다. 그리고 그것들은 거의 암묵의 약속처럼 다음의 두 가지 전제 위에 성립하고 있다. (1) 세계는 서로 다른 복수의 부분으로 형성되어 있고, 제각기 다른 역사를 갖고 있다. (2) 복수의 부분 중에서 유럽문명세계와 그 가운데에서 생겨난 국가들이 다른 것에 비해 우위에 있고 실질적으로 세계사를 움직여왔다. 이 두 가지 점이다. 이러한 전제 위에서 세계사를 이해하고 있는데, 그것은 비유하자면 서로 다른 몇 개의 문명세계 내지 국가의 시계열적 역사를 다발로 묶어 전체를 끈으로 연결한 세계사이다. 다발 간의 교류는 현대에 가까워질수록 긴밀해진다.

이러한 관점은 그림 1에서 본 학습지도요령의 '세계 역사의 큰 틀'과 같은 것이다. 교과서가 학습지도요령의 관점에 따르고 있다는 사실을 알 수 있을 것이다.

오늘날 일본에서는 세계는 서로 다른 복수의 국가와 지역으로 구성되어 있고, 그 세계를 '서양' 내지 '구미'가 주도하고 있다고 생각하는 경우가 많다. 이러한 세계관과 교과서가 그리는 세계사의 큰 흐름은 서로 완전하게 부합한다. 세계를 보는 눈과 세계사 이해가 표리일체가 되어 우리의 세계 인식을 강하게 규정하고 있는 것이다.

그렇다면 이러한 세계사 이해는 도대체 언제쯤 만들어진 것일까? 예를 들어 메이지시대에 살았던 사람들도 세계사를 우리와 같이 이해하고 있었을까? '세계사'라고 하는 개념이나 역사의 파악방법은 언제부터 일반화된 것일까? 여기서는 이러한 문제들을 생각해보도록 하자. 말하자면 역사학과 역사 교육의 역사인 셈이다. 이야기는 단숨에 100년 이상 거슬러 올라간다.

2. 근대 일본의 역사 인식

서양사와 국사

∶

제2차 세계대전 이전의 일본에서는 세계 전체를 세 개로 나누어 각 부분의 역사를 '국사', '동양사', '서양사'로 부르고, 이 세 틀에 의거하여 연구하고 교육하는 것이 일반적이었다. '세계사'라는 틀은 몇몇 중학교 교과서가 한시적으로 그 이름을 사용했지만 거의 문제가 되지 않았다. 왜 세 개의 틀을 중심으로 한 역사 이해가 일반적인 것이 되었을까? 이미 많은 책들이 이 문제를 논하고 있기 때문에 여기서는 간단하게 경위와 주의할 점만을 설명하도록 하자.

1887년 제국대학(현 도쿄대학) 문과대학(현 문학부)에 '사학'

이라는 과목이 창설되었다. 메이지시대의 일본에서 국립대학 제도가 처음 채용되었을 당시 교과목과 수업 내용은 구미 국가들을 모델로 하여 만들어졌다. '사학'의 경우 그 분야의 선진국으로 여겨지던 독일에서 교사를 초빙했는데, 이때 내일한 루트비히 리스(Ludwig Riess)는 당시 독일에서 가르치던 역사관과 연구방법을 일본에 전수했다. 리스는 자신의 스승인 레오폴트 폰 랑케가 제창한 '과거를 있는 그대로 보는' 것을 취지로 하는 실증주의 역사학 연구방법과 그 성과물인 유럽 각국의 역사를 강의했다. 이것이 오늘날까지 일본에서 이어지고 있는 '서양사'라고 하는 역사 이해 틀의 기원이다.

이때 주의해야 할 점이 두 가지 있다. 첫째는 제국대학의 처음 과목명이 '사학'이지 '서양사'가 아니었다는 사실이다. 여기에는 당시 일본이 모델로 한 북서유럽의 역사 인식이 투영되어 있다. 세계를 '유럽'과 '비유럽'으로 양분하여 파악하는 북서유럽 지식인들에게 역사학은 인간사회가 진보하는 과정을 연구하는 학문이었다. 그들은 진보하는 '유럽'의 역사만이 이야기할 의미가 있다고 생각했다. 따라서 랑케의『세계사개관(世界史槪觀, *Über die Epochen der neueren Geschichte*)』은 고전 고대부터 19세기 유럽에 이르기까지의 '서양사'만을 다루고 있다. 당시 북서유럽에서는 오늘날 일본에서 말하는 '서양사'야말로 역사이고 세계사 그 자체였던 것이다.

또 하나 유의해야 할 점은 리스나 그 뒤 서양사를 연구한 일본인 학자가 주로 다룬 것이 '세계'의 역사가 아니라 '유럽 국가', 그중에서도 영국, 프랑스, 독일과 같은 당시 선진 국가들의 나라별 정치사였다는 사실이다. 국민국가가 형성되고 있던 이 무렵 유럽 국가들의 역사학은 국민국가라는 틀을 중시하고, 그 틀 속에서 주로 정치사를 연구하고 해석하는 일에 그 의미를 찾고 있었다. 랑케의 제자였던 리스는 그러한 방법을 계승하여 일본에 전했던 것이다.

이 두 가지 점을 고려한다면 제국대학에 역사학 강의가 도입된 지 2년 후인 1889년에 국사(일본사) 수업이 개시된 것은 획기적인 사건이었다. 당시 북서유럽 지식인의 상식에서 볼 때 '비유럽'에 속한 진보하지 않는 일본에는 역사가 존재할 리 없었다. 일본의 역사를 이야기하는 일은 그러한 상식을 뒤엎는 일이나 마찬가지였다. 강의를 개설할 당시 당사자들이 그 점을 의식하고 있었는지는 차치하고서라도 오늘날 우리들이 볼 때 그것은 유럽의 근대적 학문체계와 그 전제로서의 세계관에 대한 최초의 도전이었다.

물론 국사 강의의 개시는 다른 의미에서 당연한 일이었다고도 할 수 있다. 당시 일본정부나 지식인에게는 대학에서 선진 유럽 국가들의 역사를 가르치는 일도 중요했지만 그 이상으로 천황을 위시한 일본 국가의 역사를 구축하는 일이야말로 가장 중요한 과제였을 것이다. 또 일본어 문헌의 세계에서는 이미 메이지 이전부터 미토번(水戸藩)의 『대일본사(大日本史)』와 같은 역사서가 존재하고 있었고, 메이지유신 직후인 1869년에 '수사의 칙어(修史の勅語)'가 발포되어 정사(正史) 편찬사업이 시작된 상태였다. 일종의 '역사학'이 이미 존재하고 있었던 것이다. 그것이 유럽 국가들의 지적 영위의 모방이 아닌 것은 물론이다. 그렇기 때문에 일본의 역사를 정사로서 그리는 일과 근대역사학의 실증적 방법을 사용하여 천황

제국가 일본의 역사를 묘사하는 작업은 국가사(國家史)라는 틀을 이용하는 점에서 큰 무리 없이 접합될 수 있었다. 이후 제국대학의 국사학 연구와 교육은 연면히 이어져갔다.

동양사의 성립
:

동양사라는 역사 이해의 틀이 설정된 것은 서양사나 국사에 비해 꽤 늦은 일이었다. 교토제국대학(京都帝國大學)에 '동양사' 강좌가 개설되는 것은 1907년의 일로, 이것은 대학에서 최초로 만들어진 동양사 강좌였다. 도쿄제국대학에는 이미 1904년부터 지나사학(支那史學)이란 강좌가 있었는데, 그것을 모태로 하여 동양사 강좌가 만들어지는 것은 1910년이 되어서였다.

한편 중등교육 분야에서는 대학보다 앞서 동양사라는 개념과 교육 기반이 형성되고 있었다. 나카 미치요(那珂通代)는 이미 1894년에 '동양사'라는 역사 파악 방법을 주장했고, 구와바라 지츠조(桑原隲蔵)는 1898년에 중등 동양사 교과서를 출판했다. 구보데라 고이치(窪寺紘一)의 연구에 의하면 '동양사'라는 말 자체는 나카 미치요 이전에 이미 사용된 예가 두세 차례 있었지만 그것을 세계 전체의 역사 속에 위치시키고 역사 연구의 한 틀로 삼은 것은 나카의 독창적인 생각이었다고 한다(『東洋史事始－那珂通世とその時代)』, 2009, 平凡社).

당시 일본에서 '동양사'라는 독특한 생각이 생겨남으로써 이번에는 역으로 '서양사'라는 개념도 한층 더 명확해지게 되었다. 북서 유럽의 '세계사'가 일본에서 '서양사'가 된 것이다. 그리하여 19세기 말 일본에서는 국사 이외에 서양사와 동양사를 중등교육에서 가르치게 되었다.

1945년 이후의 일본 동양사학의 태두라고 할 수 있는 미야자키 이치사다(宮崎市定)는 동양사라는 역사 이해 틀이 탄생한 사정에 대해 다음과 같이 적고 있다. "일본인의 국민적 자각이 고양됨에 따라 동아시아의 역사를 지나사(支那史) 혹은 한인(漢人)의 역사로 보는 데 위화감을 느끼기 시작하여 여기에 동양사학의 성립을 보기에 이르렀다. 그중 가장 중요한 창시자는 구와바라 지츠조 박사이다. 그의 『중등 동양사(中等東洋史)』는 학교 교과서 이상으로, 학술적 명저로서도 오랫동안 동양사 체계의 모범이 되었다." (『アジア歴史研究入門』 서문)

동양사 강좌가 교토와 도쿄의 제국대학에 설치된 시기는 일본이 러일전쟁에서 승리하여 한반도를 거쳐 대륙으로 진출하는 교두보를 마련한 시기와 정확하게 일치한다. 『교토대학 문학부 50년사(京都大学文学部五十年史)』는 이렇게 기록하고 있다. "본 문과대학은 메이지 39년, 즉 러일전쟁 다음해에 국민의 관심이 크게 아시아 전체로 향하고 있었을 무렵 창설된 것으로, 본 대학이 초창기부터 특히 동양사 연구를 중시한 것은 전적으로 시의적절한 일이었다." 미야자키 이치사다는 동양사 탄생의 의미에 대해 더욱 단도직입적으로 이렇게 지적하고 있다.

> "단적으로 이야기해서 동양사라는 학문은 동양을 배경으로 일본이 그 선두에 서서 서양의 침략을 방위한다는 당시의 이상을 실현하는 임무를 띠고 탄생한 것이라고 할 수 있다."(『宮崎市定全集』 2 東洋史, 自跋)

이처럼 동양사라는 역시 이해 틀은 지극히 현실적인 요청에 입각한 일종의 실학으로서 성립한 것이었다.

세 가지 구분의 역사
:

오늘날까지 계속되는 일본 특유의 '일본사', '동양사', '서양사' 라는 세 가지 구분은 이상과 같은 과정을 통해 완성되었다. 그러한 구분은 결코 순수한 학문 연구의 귀결로 생겨난 것이 아니었다. 세 부분의 역사를 묘사하고 배우는 일은 현실 사회에서 각각 중요한 의미를 가지고 있었다. '우리들의 국민국가 일본'을 확립시키기 위한 국사(일본사), 일본이 배우고 따라잡아야 하는 모델로서의 서양 역사, 서양에 대항하기 위해 일본이 선두에 서서 지도해야 할 동양의 역사가 그것이다. 사람들은 세 가지 구분의 역사를 학습함으로써 그러한 세계 인식을 견고히 해갔다. 역사를 이야기하는 틀과 세계 인식이 서로 꽉 맞물려 있었던 것이다.

제2차 세계대전이 끝날 때까지 대학에서도 중등교육에서도 세 가지 구분에 따른 교육과 연구가 이루어지고 있었기 때문에 사람들이 세계사라는 더 상위의 틀을 의식할 기회는 거의 없었을 것이다. 설사 의식이 세계사에 미친다 하더라도 그것은 앞서간 서양과 뒤처진 동양 그리고 동양을 지도하고 서양에 대항하는 일본이라고 하는 각기 다른 세 개의 역사를 합쳐놓은 것 정도로 여겨졌을 것이다. 사람들이 세계사라는 개념 속에서 실질적인 의미를 발견하게 되는 것은 일본이 전쟁에서 패한 1945년보다 더 세월이 지나고 나서였다.

3. 세계사의 탄생

세계사의 창설

:

1947년, '시안'이라는 유보가 붙긴 했지만 문부성이 처음으로 학습지도요령을 공시했다. 패전으로부터 2년이 지난 뒤 모든 것을 다시 시작하는 과정 속에서 초등중등교육에 관해서도 새로운 지침이 필요하다고 생각했을 것이다. 그러나 이 학습지도요령 안에는 아직 '세계사'라는 과목명이 없었다. 새로 만들어진 고등학교용 역사관계 과목으로는 '동양사'와 '서양사'가 있을 뿐, '국사(일본사)'는 '사회과' 과목 속에서 정치, 경제 등과 함께 가르치는 것으로 되어 있었다. 일본이 점령하에 있었던 당시, 국사를 가르치는 일은 설사 그것이 예전의 국사와는 다른 새로운 해석에 의한 것이라 할지라도 아직 불가능했다.

'동양사'와 '서양사'라는 과목명은 패전 이전의 역사 교육에서 사용되고 있었던 것이었다. 1947년 시점에서는 아직 이전과 같이 세계를 동양과 서양으로 나누어 그 역사를 파악하는 관점이 그대로 유지되고 있었다. 단 이전과 크게 달라진 것은 일본이 독자성을 상실하고 동양 속으로 회수되었다는 점이다. 학습지도요령의 서양사 편에는 다음과 같은 기술이 있다.

"인류 역사는 전체적으로 하나의 통일된 발전을 하고 있지만, 그 발전은 지역에 따라 차이가 있다. 동양사와 서양사가 세계사의 양대 구분을 형성하고 있는 것은 그 때문이다. 동양사는 우리가 그 일부를 이루고 있는 동양의 특수성을 아는 데 있어 중요하지만, 오늘날 세계의 주류를 형성하고 있

는 것은 서양문명이기 때문에 동양을 알기 위해서라도 서양사의 지식은 절
대적으로 필요하다."

"우리는 동양의 일부"라는 말에 패전 직후 이 문장을 집필한
저자들의 세계관이 드러나 있다.

'세계사'라는 과목명이 학습지도요령 안에 등장하는 것은 '시
안'으로부터 4년 후인 1951년의 제2회 지도요령에서였다. 이때 종
래의 '동양사'와 '서양사'라는 과목명이 사라지고 그것들을 대신해
'세계사'가 등장했다. 정확히 말하면 그 3년 전인 1948년에 문부성
은 '신제 고등학교 교과과정 개정에 관하여'라는 통달(通達) 안에서
세계사를 고등학교 과목으로 제시했다.

세계사라는 과목이 새롭게 창설된 사정은 분명하지 않다. 점령
군 CIE(민간정보교육국)의 시사에 의한 것으로, 역사가가 관여하지
않은 채 결정되었다고도 한다. 그러나 다른 한편에서 많은 역사학자
들이 이전의 역사 연구, 특히 국사 연구를 심각하게 반성하고 새로운
역사 연구의 방향성을 계속 모색하고 있었던 것도 사실이다. 역사학
연구회(歷史學硏究會)는 1949년도 대회에서의 유물사관에 입각한 보
고를 『세계사의 기본법칙(世界史の基本法則)』이라는 제목의 책으로
간행했다. 이 책은 마르크스주의의 입장에 서서 세계사 속에서 아시
아와 일본을 어떻게 파악할 것인지에 대해 뜨겁게 논하고 있었다.

단 대학의 역사 연구자가 적극적으로 '세계사' 과목의 설립을
견인하지 않았던 것은 명백한 사실이다. 도쿄대학이나 교토대학을
비롯한 주요 대학에서는 그 당시부터 60여 년이 지난 오늘날에 이
르기까지 아직도 '동양사'와 '서양사'라고 하는 예전의 역사 교육 틀

을 견지하고 있기 때문이다. 그리하여 1951년 이후부터, 대학에서는 '국사(일본사)', '동양사', '서양사'의 세 가지 구분을 전제로 한 교육과 연구가 지속되는 한편, 고등학교 교육에서는 그와는 달리 새롭게 '세계사'라는 틀이 사용되기 시작했다. 양자 사이에는 필연적으로 미묘한 차이가 발생했다. 이 책에서는 본격적으로 다루지 않지만 대학에서 세계사를 계통적으로 연구하고 교육하지 않는 폐해는 심각하다. 일반적으로 대학에서 사학과를 졸업한 사람이 고등학교 사회과 교사가 되는 경우가 많다. 대학에서 세계사를 파악하는 방법을 배운 적이 없는 신임 교사는 세계사를 어떻게 가르칠지 혼자 시행착오를 반복할 수밖에 달리 방도가 없다.

서양을 축으로 한 세계사
:

'세계사'라는 과목이 처음으로 설정된 1951년판 학습지도요령은 구체적인 교수 내용을 근대 이전 사회, 근대 사회, 현대 사회의 세 부분으로 나누고, 그 아래에 더 상세한 항목을 열거하고 있다. 번잡해지지만 표 2에 항목을 열거해보자.

목차를 살펴보면 몇 가지 흥미로운 점을 발견할 수 있다. 첫째, 전체가 시대순으로 '근대 이전', '근대', '현대'의 3부 구성으로 되어 있는 점이다. 오늘날에는 근대 이전을 더욱 세분화하여 고대, 중세, 근세로 구분하는 경우가 많지만 최초의 학습지도요령은 그러한 방식을 채용하고 있지 않다. 그 결과 근대와 그 이전 시대를 구분하는 일이 매우 큰 의미를 가지게 되어 필연적으로 '근대'의 중요성이 강조되게 되었다.

|표 2| 학습지도 요령(1951년)

'근대 이전 사회'		
1. 원시사회의 발전 　a. 인류의 출현 　b. 원시생활의 전개 　c. 원시종교의 성격 　d. 민족제도 　e. 문명의 발생	2. 고대국가의 형성 　a. 고대오리엔트의 통일 　b. 그리스의 폴리스 　c. 로마세계제국 　d. 인도의 통일국가 　e. 중국의 통일국가 　f. 일본고대국가	3. 고대문화와 특색 　a. 문자 발달과 전파 　b. 생활기술의 향상 　c. 고대예술의 성격 　d. 고대법제와 사회조직 　e. 고대의 사상과 학문
4. 서구 봉건사회의 성립과 발전 　a. 민족 이동과 여러 왕국의 형성 　b. 대토지 소유제의 발달과 신분제 확립 　c. 교회 권력의 확대 　d. 중세문화의 특색 　e. 중세도시의 발달 　f. 봉건귀족의 몰락	5. 아시아의 전제국가의 변천 　a. 왕조의 교체 　b. 무인정치의 출현 　c. 중국 관인제(官人制)의 성립 　d. 문화 내용의 변천 　e. 사회경제의 발달 　f. 농민 반항 　g. 전제정치의 몰락 　h. 일본 봉건제의 특색	6. 민족과 문화의 접촉 교류 　a. 헬레니즘 　b. 실크로드 　c. 십자군 　d. 동방문화의 서방 전파 　e. 중국과 일본 간의 문화 교류 　f. 정복왕조
7. 종교와 생활문화 　a. 크리스트교의 발전 　b. 이슬람교의 확대 　c. 불교 전파 　d. 힌두교의 특색 　e. 도교와 민간신앙		
'근대 사회'		
1. 시민계급의 대두와 영향 　a. 르네상스 　b. 종교개혁 　c. 지리상의 발견 　d. 상업자본의 발전 　e. 과학의 발달	2. 절대왕제와 시민혁명 　a. 절대왕제의 성립 　b. 식민지의 성립 　c. 영국혁명 　d. 계몽사상 　e. 미국의 독립 　f. 프랑스혁명	3. 산업혁명과 그 영향 　a. 영국의 산업혁명 　b. 근대도시의 발달 　c. 교통기관의 발달 　d. 산업자본의 발달 　e. 노동문제의 발생 　f. 일상생활의 향상

4. 근대민주주의와 발전	5. 유럽세력의 세계진출	6. 아시아의 근대화
a. 영국 의회정치의 발달 b. 프랑스 공화제의 성립 c. 국민주의의 발전 d. 미국의 남북전쟁	a. 제국주의의 발생 b. 열강의 세력균형 c. 아프리카 분할 d. 열강의 아시아 정책	a. 태평천국 b. 청조의 몰락과 민국 　 혁명 c. 국민의회파와 인도 　 독립운동 d. 메이지유신
7. 근대문화의 발전 　a. 근대사상과 성격 　b. 학문의 분화 　c. 자연과학의 발달 　d. 국민교육의 보급 　e. 생활문화의 향상		
'현대 사회'		
1. 제1차 세계대전과 베르 　사유체제의 성립 　a. 대전의 추이 　b. 러시아혁명 　c. 국제연맹 　d. 국제협조	2. 전체주의와 제2차 세계 　대전 　a. 세계공황 　b. 미국의 발전 　c. 소련의 충실 　d. 일본의 대륙진출 　e. 전체주의 국가의 대두 　f. 제2차 세계대전의 발 　　발과 추이	3. 전후의 세계정세 　a. 국제연합과 세계평화 　　운동 　b. 미국과 소련의 진출 　c. 아시아의 민족운동 　d. 미국경제의 우월 　e. 현대문화의 성격
4. 세계사에서 현대 일본 　의 위치 　a. 일본의 민주화 　b. 일본의 국제적 지위 　c. 일본문화의 건설		

　다음으로, 전체 구조가 서양(유럽)과 동양(아시아)을 두 개의 축으로 하여 성립하고 있다는 점이다. 특히 3부 구성의 제2부에 해당하는 '근대 사회'까지의 부분은 서양과 동양 혹은 유럽과 아시아라고 하는 이항대립적인 역사공간의 커다란 틀을 의식적으로 사용

하고 있다. 20세기에 들어서부터 이 지도요령이 공시된 시점까지 이미 50년이 넘도록 두 역사공간을 전제로 하여 세계 역사를 구상하고 이야기해왔기 때문에 새삼 '세계사'라고는 표방했지만 지도요령을 만든 사람들은 동양과 서양의 역사를 이항대립적으로 기술하는 것 외에 달리 방법이 없었을 것이다.

셋째, 가르칠 항목의 테마 수가 동서양 사이에 매우 불균등하다는 점도 흥미롭다. 이 점은 특히 제2부에서 현저하다. 제1부 '근대 이전 사회'에서는 유럽과 아시아에 관해 거의 같은 수의 테마가 배정되어 있는 것에 비해, 제2부 '근대 사회'에서는 일곱 개의 큰 테마 가운데 앞의 다섯 개가 유럽에 관한 것이다. 먼저 유럽의 근대에 대해 상세히 공부할 수 있도록 논제를 배치하고 난 뒤에 아시아의 근대화라는 테마를 하나 내걸고 있다. 이러한 배치는 아시아의 근대화가 근대 유럽의 영향하에 발생한 현상이라는 이해에 입각한 것일 것이다. 마지막에 있는 '근대문화의 발전'이라는 테마도 그 내용이 유럽 근대문화에 대한 해설이라는 점을 생각하면 제2부는 거의 대부분 근대 유럽에 대한 것이라고 할 수 있다. 미국에 관한 기술이 적고 그것이 마치 유럽사 속에 포함되어 있는 것처럼 배치되어 있는 점도 주의할 부분이다.

이러한 내용 구성에서 알 수 있듯이 1951년판 학습지도요령이 파악하는 세계사의 흐름은 유럽 내지 서양이 근대를 창조하여 앞서 나아갔고, 아시아가 그 영향을 받아 뒤를 좇고, 결과적으로 세계 전체의 일체화가 진행되었다는 것이다. 서양의 역사가 축이 되는 세계사인 셈이다. 이 점은 1947년에 공시된 학습지도요령(시안)의 동양사 편이 "서양의 근대문화는 우수한 것으로, 그것이 동양의 고풍 문화를 압도한 것은 당연한 일이었다. 그로써 세계는 하나가 되었고, 동양은 그저 우수한 문화를 배우고 소화하게 되었다"라고 서술하는 세계사 인식과 일맥상통한다.

제2차 세계대전에서 '서양'에게 패배한 직후, 서양사와 동양사라고 하는 근대 이후부터 존재하던 역사 이해의 기본적인 틀 위에서 이렇다 할 모델도 없이 급조된 '세계사'를 어떻게 가르칠지 고민한 결과가 서양사와 동양사의 합체 그리고 근대유럽의 우위로서 표현된 것이다. 여기에는 당시의 정치적, 사회적 정세와 사람들의 세계 인식이 잘 드러나 있다.

1956년에는 세계사 과목이 생기고 나서부터 두 번째 학습지도 요령이 공시되었는데 이번에도 역시 서양과 동양 내지 유럽과 아시아라는 이분법적 틀이 사용되고 있었다. 마지막 부분에 세 가지 '유의점'을 내걸고 있는데, 그중 하나는 "동양·서양의 조합에 관해서는 기타 여러 의견이 있을 것이다. 그러나 동양사와 서양사를 따로 분리하여 각기 다른 지식을 제공하는 방법은 목표를 달성하는 데 적합하지 않다"라고 되어 있다. 대학의 역사 교육과 연구가 변함없이 일본사, 동양사, 서양사라는 세 가지 축을 중심으로 행해지고 있었기 때문인지, 그에 맞춰 고등학교의 세계사가 구상되어서는 곤란하다는 점을 일부러 강조하고 있다.

테마 중에 '아시아 민족'이나 '아시아의 전제국가'라는 말이 사용되고 있는 것처럼 아시아를 한 묶음으로 파악하는 자세가 강하게 엿보인다. 복수의 '문화권'으로 아시아가 상정되지 않는 것은 당연한 귀결이다.

이후의 학습지도요령

:

학습지도요령은 그 뒤 다섯 번의 개정을 거쳐 2009년판 공시에 이르고 있다. 각 지도요령의 내용을 비교하면서 변천 과정을 자세히 검토하면 흥미로운 논점을 많이 발견할 수 있을 것이다. 하지만 그러한 작업은 본서의 취지에서 벗어나므로 여기서는 세계사의 흐름을 어떻게 이해하고 있는가라는 기본자세에 관한 부분에 한정하여 각 시기별 지도요령의 특징을 간단히 정리해두자.

(1) 1960년판에 처음으로 "세계 여러 지역이 밀접한 관련을 갖고 있지 않았던 시기, 예를 들어 유럽의 고대와 중세에 해당하는 시기는, 하나의 예로 유럽, 인도, 서아시아, 동아시아 등과 같이 문화권별로 일정 정도 크게 대별하여 가르치는 것도 고려할 수 있다"라는 기술이 보인다.

(2) 1970년판부터 '문화권'이란 말이 본문에서 사용된다(동아시아, 서아시아, 유럽). 한편 주(注)에 "문화권을 어떻게 정리할 것인지 여러모로 방법을 강구할 필요가 있다"는 말이 보이는 것처럼 문화권이란 개념이 아직 고정적이지 않다는 사실을 알 수 있다. 분명한 것은 동양과 서양이라는 이분법적 세계사 설명이 이 무렵이 되면 현저하게 힘을 잃어간다는 사실이다.

(3) 1978년판은 문화권별로 역사를 서술하고 이해하는 것을 당연한 것처럼 기술하고 있다. 전체적으로 보면 전근대 세계에서는 복수의 문화권이 병립하여 각자 독자적 역사 과정을 밟고 있었는데 근대유럽이 세계 각지로 진출함에 따라 세계의 일체화가 진행

되었다는 인식이다. 단 문화권으로 명시되어 있는 것은 유럽, 동아시아, 서아시아 세 개뿐으로, 남아시아나 동남아시아에 대해서는 서아시아 문화권을 설명하는 가운데 부분적으로 언급하고 있다.

(4) 1989년판에는 문화권과 문명이라는 두 가지 개념이 출현하는데, A와 B에서 각기 달리 다루고 있다.

세계사A 문명의 성립과 발전, 세계 여러 지역의 문화적 특색을 이해하도록 만든다.

세계사B 인류가 각 지역의 자연환경에 적응하면서 문화권의 바탕이 되는 문명을 구축해갔다.

(5) 1998년판에 처음으로 '지역세계'라는 개념이 나타난다(A, B 공통). 문화권과 지역세계의 차이는 지도요령의 해당 부분을 읽는 것만으로는 명확히 알 수 없다. 그러나 '지역세계'라는 개념은, 예컨대 '동남아시아'와 같이 동아시아와 남아시아의 영향을 받아 하나의 완결된 '문화권'이라고 보기 어려운 지역의 역사를 그리는 데 효과적이라고 생각하고 있는 것처럼 보인다. 지중해세계, 내륙아시아세계, 대서양세계 등 지금까지 별로 사용된 적이 없을 법한 지역세계 개념을 많이 사용하고 있다.

세계사 인식의 변천

:

패전 이후 일본의 세계사 인식은 결코 한결같은 것이 아니었다. 마르크스주의 역사학을 필두로 여러 가지 세계사 인식이 제안되고 또 논의되었다. 그런 한편 고등학교 세계사 교과서와 그것이 의거하는 학습지도요령이 표준적인 세계사 인식에 커다란 영향을 준 것도 사실이다. 학습지도요령의 세계사 인식은 다음과 같은 세 단계를 거쳐 오늘날에 이르렀다고 할 수 있다.

제1단계(1960년대까지) 세계사란 선진 서양(유럽)과 후진 동양(아시아)의 역사를 합쳐놓은 것이다.

제2단계(1970~80년대) 전근대에는 복수의 문화권이 존재하여 각자 독자적 역사과정을 밟았으나, 근대에 들어 그중의 하나인 유럽문화권의 주도로 세계의 일체화가 진행되었다.

제3단계(1990년대 이후) 세계 각지에 존재하던 복수의 지역세계가 변용 · 재편되면서 서로 간의 관계를 강화해, 그중 하나인 유럽세계의 주도로 세계가 일체화, 구조화되었다.

이상을 통해 세계의 역사를 이해하고 서술하는 기본적인 단위가 동양과 서양이라는 이항대립적인 역사공간에서 복수의 문화권, 더 나아가 지역세계로 변화해온 사실을 알 수 있다. 또 처음에는 어느 한 지리적 공간에 대응하여 하나의 역사서술 단위가 과거부터 현재까지 일관되게 존재한다고 생각되었지만, 나중에는 지역세계를 변용 · 재편하는 것으로 파악되게 되었다.

초기 학습지도요령에 명백히 보이던 '유럽이 세계사를 선도하다'라는 식의 유럽중심사관적인 역사 이해와 서술은 각 방면으로부터 비판을 받게 되어 점차 눈에 띄지 않게 되었다. 우월한 유럽(서양)과 열등한 아시아(동양)를 대비적으로 묘사하는 세계사에서 유럽도 그 가운데 하나에 불과한 복수의 지역세계가 병립하는 세계사로, 세계사를 바라보는 표준적인 관점은 시대와 함께 서서히 변화하여 오늘날에 이르렀다.

그런데 현대 일본의 일반적인 세계사 인식이라고 할 수 있는 '문화권의 병립에서 일체화된 세계로'라는 역사 해석을 최초로 명시적으로 제시한 것은 학습지도요령이 아니라 한 권의 책이었다. 이 장을 끝내면서 이 책에 관해 소개해두도록 하자.

4. 일본 국민의 세계사

『일본 국민의 세계사』의 출판

　：

지금으로부터 50여 년 전인 1960년, 이와나미서점(岩波書店)에서 한 권의 책이 출판되었다. 『일본 국민의 세계사(日本国民の世界史)』라는 제목의 이 책은 패전 이후 일본의 세계사 연구와 교육에 커다란 영향을 미친 우에하라 센로쿠(上原專祿)를 대표로 하여 7명이 공동으로 집필한 것이었다. 원래는 고등학교 사회과 세계사 교과서용으로 준비한 원고였는데, 문부성의 교과서검정에서 불합격 판정을 받는 바람에 일반 도서로 출간한 것이었다. 7명의 집필자가 수년에 걸쳐 많을 때는 1년에 20번 이상이나 모여 때때로 10시간이 넘도록 논의를 계속한 결과 겨우 책을 완성할 수 있었다고 한다.

컴퓨터나 인터넷은 물론 전화도 제대로 보급되지 않았던 시대였다. 오랜 고생 끝에 나온 책 속에서 집필자들은 세계사 학습의 의의에 대해 정열적으로 이야기하고 있었다. 그 글은 50년이 지난 오늘날 다시 읽어도 무척 흥미롭다. 먼저 이 책의 목적을 살펴보자.

'머리말'을 시작하면서 "『일본 국민의 세계사』는 내일을 어떻게 살아갈 것인가라는 문제에 직면한 우리 일본 국민이 나날의 행동을 뒷받침하는 생활 의식을 확립하고자 하는 염원에 입각하여 세계사상(世界史像)의 형성을 시도한 것이다"라고 책의 목적을 서술하고 있다. 여기서 말하는 '생활 의식'은 약간 추상적이어서 이해하기 힘들지만, 본문 중에 "세계평화 유지 및 창조, 정치·경제·사회·문화 각 방면에서의 일본의 주체성과 자율성 확립, 국민생활 수준 향상, 사회생활의 불합리 제거, 개인의 자유와 인격의 존엄 확보 등의 문제를 생각하는 가운데서 현대 일본 국민의 생활 의식이 형성된다"라는 기술이 있는 것으로 미루어보아, 한마디로 이상을 품고 그것을 실현하기 위해 살아가는 의식이나 태도를 말하는 것을 알 수 있다. 눈앞에 문제적 현실 세계가 존재하기 때문에 실현하고자 하는 이상이 생겨난다. 집필자들은 이상을 실현하기 위해서라도 왜 그러한 현실이 발생했는지를 세계사의 흐름을 좇아가며 밝혀내려 했던 것이다.

그들의 말을 빌리자면 "현대 일본의 생활 현실과 그것을 형성하고 있는 무수한 문제들은 일본 국내에만 발생의 원인이나 사정이 있는 것이 아니다. 그러한 것은 동양 민족의, 혹은 서양 민족의, 혹은 쌍방 모두의 역사 속에 발생 원인이 있기" 때문이다.

그들은 또 "세계의 문명들이 일본문명의 성장에 어떻게 기여했는지, 또 현재 일본이 직면하고 있는 역사적 문제가 다른 문명의 움직임에 의해 어떻게 규정되고 있는지, 이러한 점을 특수·구체적인 것으로서 주체적으로 추구하는 일"이 세계사의 목적이라고도 말했다. '머리말'과 본문 앞머리에 배치한 '세계사를 배우기 위해'를 읽으면 일본의 현실을 직시하고 그러한 현실의 기원을 밝혀 앞으로 일본이 나아갈 길을 모색하는 집필자들의 뜨겁고 진지한 생각이 전해온다.

일본의 현 위치에 대한 관심
:

이 책이 기획된 것은 제2차 세계대전에서의 패배로부터 8년이 지나 일본이 겨우 독립을 회복한 직후인 1953년의 일이었다. 근대 이래의 역사 인식을 개선하고 지금까지 일본이 걸어왔던 길을 회고하면서 세계 속에서 신생 일본의 위치와 나아갈 방향을 결정하는 것이 집필자들의 최고 관심사였던 점은 생각해보면 당연한 일이었다. 제목은 '세계사'였지만 집필자들의 관심은 무엇보다도 당대 일본에 있었다.

이미 언급한 것처럼 패전 직후부터 많은 역사학자와 역사학연구회와 같은 단체들은 역사 연구의 새로운 방향성에 대해 계속 모색하고 있었다. 1950년대 전반이 되면 농민이나 노동자 내부로 들어가 그들과 함께 일하고 배우는 '국민적 역사학' 운동이 일어난다. 그 배경에는 중화인민공화국 성립, 한반도에서의 전쟁 발발, 그리고 샌프란시스코 강화조약과 일본의 주권 회복이라는 격동의 세계정세가 있었다. 이러한 어수선한 분위기 속에서 새로운 역사학의 이론과 방법을 둘러싼 논의가 들끓어 『일본 국민의 세계사』가 출현하게 된 것이다.

'국제연합'이나 '사회주의 국가'를 어떻게 평가할 것인가, '동양 민족'을 종속·억압된 사람들로 파악할 것인가 등, 주로 '현대사'를 해석하는 부분에서 집필자들의 생각이 균형을 잡지 못하고 있다는 이유로 당시의 문부성과 정부는 『일본 국민의 세계사』를 교과서로서 받아들이지 않았다. 때문에 완성된 원고는 결국 고등학교 교과서로 출판되지 못했다. 그러나 교과서가 아니라 일반도서로서 간행된 『일본 국민의 세계사』는 독자들로부터 큰 호응을 얻었다. 현재 필자가 갖고 있는 책은 초판이 나온 지 7년이 지난 1967년에 간행된 제7쇄이다.

7명의 집필자들은 모두 잘 알려진 역사가이거나 지식인들로, 저명한 출판사에서 나온 이 책의 역사관이 당대 일본의 지식인과 사회에 끼친 영향은 상당한 것임에 틀림없다. 필자는 집필자들이 이 책에서 제시한 세계사 이해의 대략적인 흐름이야말로 그 뒤 학습지도요령에도 반영되어 일본의 세계사 인식의 주류로서 오늘날까지 계승되고 있다고 생각한다.

『일본 국민의 세계사』의 내용

:

그럼 『일본 국민의 세계사』에는 실제로 어떤 역사가 기술되어 있는지 살펴보자. 앞부분에 있는 '머리말', '예언', '세계사를 배우기 위해'를 제외하면, 전체는 다음의 4부로 구성되어 있다.

제1부 동양문명의 형성과 발전
　　　제1편 중국문명의 형성과 그것을 중심으로 한 동아시아사의 전개
　　　제2편 인도문명의 형성과 전개
　　　제3편 서아시아문명의 형성과 발전

제2부 서양문명의 형성과 발전
제3부 서양의 근대화와 세계
제4부 현대 세계

제2부 이하는 편이 없고 각각 2장, 6장, 4장으로 구성되어 있다. 전체적인 서술의 특징은 크게 다음의 다섯 가지로 요약할 수 있다.

(1) 인류의 발생이나 인류문명의 기원 일반에 대해서는 언급하지 않는다.

저자들은 "현대 일본의 살아있는 생활 현실과 실제 문제를 역사적으로 규명할 경우 유구한 인류 역사에 대한 전망은 (중략) '인류사'에게 양보해야 한다"라고 적고 있다. 인류사와 세계사는 명백히 다른 것이고, 본서는 어디까지나 세계사에 관한 책이라는 것이 그들의 입장이었다. 그렇기 때문에 『일본 국민의 세계사』는 인류 공통의 과거(선사시대)를 무시하고 지구상에 서로 다른 몇 개의 문명이 이미 존재하고 있다는 전제하에서 시작하고 있다.

(2) 세계사의 실태는 '동양문명권'과 '서양문명권'이라는 두 부분으로 성립한다.

저자들은 문명을 "민족의 역사와 존재 양태 속에서 만들어진 일정한 역사적 특징을 지닌 정치 · 경제 · 사회 · 문화의 구조와 내용의 전체를 총칭하는 것"으로 파악하고 있다. '민족'이나 '동양' 혹은 '서양'이라고 하는 큰 틀이 어떻게 대응하는지 필자는 잘 이해할 수 없다. 하지만 세계는 동양과 서양으로 나뉘고 각각 독자의 역사를 가진다는 것이 저자들의 기본적인 세계사 이해라는 점은 틀림 없는 사실이다.

(3) 동양문화권은 하나로 통합된 것이 아니라 동아시아문명권, 인도문명권, 서아시아문명권으로 나뉜다.

동양과 서양을 이분법적으로 파악하고 있지만, 서양이 어디까지나 하나인 것에 비해 동양은 복수의 문명권으로 분리되어 있다. 저자들은 유럽문명권에서 '근대화'가 시작되기 이전, 세계에서는 동양의 세 문명권과 유럽문명권을 합쳐 모두 네 개의 독립성이 강한 문명권이 각자 독자적인 역사를 병행적으로 전개하고 있었다고 말한다. 또 일본인의 역사는 중국을 중심으로 한 동아시아 세계의 역사 동향 속에서 형성되었다고 한다. 그렇기 때문에 일본인을 위한 구체적인 세계사 서술은 동아시아 세계로부터 시작되어야 한다고 저자들은 주장한다.

(4) 서양(유럽)문명권이 '근대'를 주도했고, 근대 이후 유럽을 중심으로 한 전 지구적 세계질서가 탄생했다.

근대화를 달성한 유럽이 정치 · 경제 · 문화의 각 방면에서 능동적으로 동양문명권으로 진출한 것에 비해 동양문명권 측은 그것을 수동적으로 받아들여 결과적으로 19세기 말에 이르면 유럽의 여러 민족을 중심으로 하는 일체적 세계질서가 형성되었다는 것이 이 책의 입장이다.

(5) 제2차 세계대전이 끝남으로써 세계사는 새로운 단계로 접어들었다.

'새로운 단계'란 구체적으로 유럽을 중심으로 한 세계질서가 붕괴되는 한편 아시아·아프리카 민족의 주체성과 자주성이 확립되고 미국과 소련의 역할이 증대하는 사실을 의미한다. 그리고 현대 세계에서는 서양, 동양, 미국, 소련의 네 문명권이 능동적인 역할을 담당하고 있다고 말한다.

오늘날의 세계사의 출발점
:

출판한 지 50년이 지난 책이기에 역시 오래된 느낌을 지울 수가 없다. 오늘날이라면 동양과 서양을 대립적으로 파악하고 서양의 우위를 전제로 하여 논의하는 입장은 오리엔탈리즘으로, 또 서양(유럽)이 능동적으로 근대 세계질서를 만들었다는 생각은 유럽중심사관으로, 각각 비판을 면할 수 없을 것이다. 그리고 현대 세계의 네 구성 요소 중 하나인 소련은 이미 소멸하고 말았다.

하지만 이 책이 출판되기 이전의 일본에서는 세계는 동양과 서양으로 나뉘고, 양 진영은 각자 다른 역사를 갖고 있었지만 서양이 동양을 앞서게 되었다는 것이 일반적인 생각이었다. 『일본 국민의 세계사』는 그러한 생각을 계승하면서도 전근대 시기 몇 개의 문명권이 병립하고 있었다는 새로운 역사상을 제기했다. 유럽문명권의 역할을 평가하는 데 있어서는 약간의 차이가 있지만, 복수의 문명권이 존재하다가 점차 일체화하여 유럽 중심의 세계질서가 형성되었다는 『일본 국민의 세계사』의 큰 줄기는 앞서 검토한 학습지도요령의 그것과 기본적으로 같다. 그러한 이해의 기본을 형성하고 보급한 것이 바로 이 책이었다.

물론 우에하라를 비롯한 집필자들의 세계사 인식이 완전히 독창적인 것은 아니었다. 그들의 세계사 구상은 동양과 서양의 이항 대립과 그 사이에 일본을 미묘하게 배치한 근대 이래의 세계사 인식에 수정을 가한 것이었다. 또 '문명권'이라는 역사 이해와 서술 단위는 1930년대에 영국에서 출판된 아놀드 토인비(Arnold Toynbee)의『역사의 연구(*A Study of History*)』에서 이미 사용되고 있었다. 이 대작의 일본어 축소판이 1949년에 출판되었는데, 집필자들은 아마 토인비의 생각을 참고했을 것이다. 그런 의미에서 그들의 저작은 결코 기발한 내용의 것이 아니었다. 그러나 역으로 이야기하면 바로 그렇기 때문에 이 책의 세계사 인식이 뒷날 일본의 세계사 이해의 주류가 될 수 있었던 것이다.

1. 각자의 세계사

오래된 디자인

:

현대 일본의 표준적인 세계사 인식은 50년 이상의 세월에 거쳐 천천히 다듬어져온 것으로, 그런 의미에서 하나의 세련된 완성형이라고 할 수 있다. 사람들이 머릿속에서 생각하는 세계사라는 그림의 디자인은 큰 틀에서 거의 정해졌다고 해도 무방할 것이다. 독일사, 러시아사, 이슬라암세계사(나중에 설명하는 것처럼 필자는 '이슬람'을 아라비아어 원음에 가깝게 '이슬라암'으로 표기한다 - 역자) 등과 같은 세계 각지의 역사를 연구하는 사람들은 그 큰 틀을 받아들인 위에서, 비유적으로 표현하자면 디자인의 세부에 색칠을 하거나 부분적으로 색조를 바꾸는 연구를 하고 있는 셈이다.

그러나 필자는 그림의 디자인이 전체적으로 오래되어 더 이상 현대와 어울리지 않게 되었다고 생각한다. 같은 디자인 위에 아무리 색을 바꾸어 칠해보아도 그림 전체의 고풍스러움은 어쩔 수가 없는 것이다. 지금은 디자인 그 자체를 쇄신하고 새로운 그림을 그려야 할 때이다. 새로운 그림은 아직 이렇다 할 디자인이 정해져 있지 않고, 당연히 색도 칠해지지 않았다. 그렇다면 새로운 세계사를 고민하는 일은 역사연구자에게 있어 주제나 방법에 관해 자신의 노력과 창의성을 발휘할 수 있는 꿈의 무대라고 할 수 있을 것이다.

새로운 그림을 어떻게 그릴지에 대해 검토하기 이전에 거쳐야 할 과정이 있다. 그것은 현재의 세계사 인식의 어떤 점이 오래되었고 무엇이 문제인지를 구체적으로 밝히는 작업이다. 이 과정을 등한시하면 독자는 왜 새로운 세계사가 필요한지 충분히 이해하기 어려울 것이다. 이 장에서는 현대 일본의 표준적인 세계사 인식에 보이는 세 가지 문제점과 한계에 대해 설명하도록 하자.

자국사와 세계사
:

첫 번째 문제점은 현대 일본의 표준적인 세계사 인식이 어디까지나 일본인에 의한 세계사 인식(일본 국민의 세계사!)이라는 사실이다. 세계 여러 사람들이 같은 종류의 세계사 인식을 갖고 있다고는 볼 수 없다. 국가를 넘어 다양한 층위에서 인적 교류가 활발한 현대 세계에서 일본에서만 통용되는 세계사 인식을 갖고 있는 것만으로는 충분하지 않다.

제1장에서 설명한 바와 같이 오늘날 일본에서 세계사를 바라보는 표준적인 관점은 문부과학성이 공시한 학습지도요령을 기본으로 하여 형성된 것이다. 그것은 일본이라는 나라의 역사를 중시하고, 일본의 입장에서 본 세계사라는 성격을 강하게 지니고 있다. 또 고등학교 과목 가운데 세계사와 별개로 일본사가 독립적으로 설

정되어 있는 점도 주의할 필요가 있다. 이러한 조건들이 겹쳐져 일본의 표준적인 세계사 이미지는 전체 구도 속에 일본이라는 국가의 역사가 하나의 기다란 관처럼 끼워져 있는 모양새를 하고 있다.

국민의 역사 인식을 형성하는 데 결정적인 역할을 하는 것은 학교 교육이다. 이 점은 다른 나라의 경우도 대동소이하다. 각 나라는 일본과 마찬가지로 자국 역사에 중점을 두며 역사를 가르치고 있다. 그 결과 각국의 역사는 서로 다른 내용을 하고 있다. 이 점은 얼마 전에 있었던 일본과 중국, 한국 간의 역사 인식의 차이를 둘러싼 격한 대립을 상기하면 금방 납득이 갈 것이다. 국제적인 논의나 교섭의 장에서 세계사에 대해 상대편이 자신들과 같은 지식과 생각을 갖고 있다는 전제하에서 이야기를 진행하면 커다란 오해가 발생할 수 있다.

"외국의 역사를 공부하면 그 나라 사람들의 행동이나 생각을 알 수 있고, 상대방의 역사를 화제로 삼는 것을 통해 그들과 친해질 수 있기" 때문에 세계사 학습은 의미가 있다고들 해왔다. 물론 그런 점도 있다. 실제로 필자도 영국인에게 명예혁명(1689년)에 관한 이야기를 해 상대를 크게 기쁘게 한 적이 있다. 이란 사람에게 이란의 역사에 대해 설명하여 이야기가 달아오른 적도 있다. 하지만 그것도 정도 문제이다. 현실적으로 일본의 세계사 인식은 세계 어디서도 통할 정도로 일반적이지도 보편적이지도 않다는 사실을 알아야 할 것이다.

1 더하기 1은 어느 나라도 2라고 가르치지만, 역사는 나라마다 가르치는 내용이 상당히 다르다. 시험 삼아 외국의 세계사 이해의 예를 표 3과 표 4에 소개해보자. 각각은 프랑스와 중국의 고등학교 세계사 교과서 내용이다.

먼저 표 3에 보이는 프랑스 역사교과서의 목차를 보자. 흥미로운 논점이 많이 있지만 여기서는 그중 두 가지를 소개하도록 하자. 첫째, 교과서가 다루는 공간적 범위이다. 제2권의 제목에서 알 수 있듯이 이 역사교과서는 프랑스뿐만 아니라 세계의 역사도 다루고 있다. 일본의 예로 말하자면 일본사와 세계사를 합쳐놓은 것이다. 그러나 3권을 통틀어 기술되어 있는 내용은 거의 대부분 프랑스와 그 주변지역의 역사이다. 주변지역이란 구체적으로 오래된 시대는 그리스와 비잔틴 등의 동방지역, 19세기 이후는 유럽 국가들을 말한다.

|표 3| 프랑스 역사교과서 목차

제1권 : 현대 세계의 기초(Guillaum Le Quintrec 편, 2001년)
제1부 : 고대 시민권의 예
1. 기원전 5세기의 아테네 시민
제2부 : 크리스트교의 탄생과 전파
2. 크리스트교의 탄생
3. 크리스트교의 전파
제3부 : 12세기의 지중해 : 세 문명의 십자로
4. 크리스트교서방(Occident), 비잔틴, 이슬라암의 대조
5. 세 문명 간의 접촉
제4부 : 인문주의와 르네상스
6. 인문주의와 종교개혁
7. 르네상스
제5부 : 혁명과 1851년까지의 프랑스의 정치경험
8. 구체제(Ancien Régime) 최후의 시기
9. 프랑스혁명
10. 통령정부와 제국
11. 혁명의 유산
제6부 : 19세기 전반의 유럽
12. 유럽의 초기 산업혁명
13. 산업사회의 탄생
14. 유럽의 자유주의와 국민주의
15. 1850년의 유럽

제2권 : 세계, 유럽, 프랑스(1850~1945)(Jacques Marseille 편, 2002년)
제1부 : 19세기 중엽부터 1939년의 산업화시대와 그 문명
1. 경제성장과 산업사회
2. 산업화시대의 예술, 종교, 문화
3. 유럽과 그 지배하의 세계
제2부 : 19세기 중엽부터 1914년의 프랑스
4. 프랑스의 장해(障害)와 활력(1848~1914)
5. 하나의 공화국에서 다른 공화국으로(1848~1879)
6. 뿌리를 내린 공화국(1880~1914)
제3부 : 전쟁, 민주주의, 전체주의
7. 제1차 세계대전
8. 자유민주주의의 위기, 1930년대의 프랑스
9. 전체주의 체제
10. 제2차 세계대전의 여러 측면
11. 나치스의 대량살육정책
12. 제2차 세계대전 중의 프랑스
제3권 : 1945년부터 오늘까지의 세계, 유럽, 프랑스 (Guillaum Le Quintrec 편, 2004년)
제1부 : 1945년부터 오늘까지의 세계
1. 1945년의 세계
2. 산업사회에서 통신·정보사회로
3. 체제 이데올로기의 두 가지 모델
4. 1970년까지의 동서대립
5. 1970년대 말의 탈식민지화한 제3세계
6. 1970년대부터의 새로운 세계질서 탐구
7. 1945년부터 오늘까지의 중동
제2부 : 1945년부터 오늘까지의 유럽
8. 1945년부터 1989년까지의 서유럽 건설
9. 인민민주주의의 시대
10. 1989년 이후의 유럽의 모험적 시도
제3부 : 1945년부터 오늘까지의 프랑스
11. 제2차 세계대전의 결과와 기억
12. 1945년부터 오늘에 이르는 정치상황
13. 1945년부터 오늘에 이르는 경제, 사회, 문화
14. 1945년 이후의 세계와 프랑스

얼핏 보아 이 교과서에 일본이 처음 등장하는 것은 러일전쟁을 설명할 때이다. 메이지유신에 대해서도 한 줄만 씌어 있을 뿐이다. 이후는 제2차 세계대전 부분에서 일본의 점령지역이 그림으로 표시되어 있는 정도이다. 에도시대 이전의 일본에 대해서는 아예 기술이 없다. 일본의 세계사 교과서가 대혁명은 물론 프랑스의 역사를 프랑크왕국 시대부터 상당히 자세하게 다루고 있는 것과는 큰 차이가 난다. 이 교과서를 보는 한 일본의 과거에 특별한 관심이 없는 일반적인 프랑스인은 일본의 역사에 대해 거의 아무것도 모른다고 생각해도 무방할 것이다.

|그림 2| 프랑스의 고등학교 역사교과서

이런 일은 비단 프랑스만의 특수한 현상이 아니다. 자세히 언급할 수는 없지만 필자가 아는 한 영국이나 네덜란드의 경우도 상황은 마찬가지이다. 유럽 여러 나라에서는 아시아와 같은 '비유럽' 지역의 과거는 그것이 자국의 역사와 직접 관계되지 않는 한 거의 가르치지 않는 것이 일반적이다(단 영국에 있어서의 인도, 네덜란드에 있어서의 인도네시아처럼 식민지가 된 지역의 역사는 중요한 토픽이다).

또 한 가지 흥미로운 점은 19세기 중엽 이전을 취급하는 제1권에 전형적으로 보이는 것처럼 이 교과서는 시계열을 좇아 통시적으로 기술하는 것이 아니라 몇 개의 토픽을 임의로 선정하여 해설하는 형식을 취하고 있다는 사실이다. 때문에 비잔틴이나 이슬람은 이미 존재하는 문명으로서 갑자기 그 모습을 드러낸다. 일본의 교과서처럼 문명의 역사적 전개를 성립 시기까지 거슬러 올라가 시대순으로 서술하는 방법을 채택하지 않고 있다. 제2권 이후도 반드시 시대를 따라 설명, 서술하는 것이 아니라 어떤 시기의 정치나 사회의 특징을 모델화하여 묘사하는 경우를 자주 볼 수 있다. 즉 'A 때문에 B가 발생했'거나 'A에서 B로 변화했'는 식의 설명 방법을 절대적이라고 생각하지 않는 것이다. 이는 시계열사적 서술을 당연시하는 일본의 역사교과서와 큰 차이를 보이는 점이다. 이에 관해서는 제4장에서 다시 한 번 논할 예정이니 꼭 기억해 두기를 바란다.

어쨌건 이 교과서의 내용은 우리가 이미 알고 있는 프랑스사와 미묘하게 차이가 난다. 물론 유럽사(서양사)와도 다르다. 그렇다면 일본의 고등학교에서 세계사를 배운 일본인과 프랑스의 고등학교에서 역사를 배운 프랑스인이 세계사나 상대방의 역사에 관한 지식을 공유한 위에서 비즈니스나 국제회의 등의 장소에서 만나 이야기하는 것은 매우 어려운 일일 것이다.

중국의 세계사 교과서

:

현대 중국의 역사 교육은 중국사와 세계사라는 두 축을 중심으로 행해지고 있다. 두 가지 축이라는 점에서는 프랑스와 달리 일본과 같은 스타일이다. 그러나 내용에서는 일본의 교과서와 크게 다르다. 중국에서 일본의 역사는 세계사의 일부이고, 중국의 역사는 따로 독립하여 가르치고 있기 때문이다. 우선 교과서의 내용을 검토해보자.

중국의 고등학교 교과서는 전국적으로 같지 않아, 지역에 따라 여러 종류의 교과서를 사용하고 있다. 그중 상하이와 그 주변에서 사용되는 화동(華東)사범대학 출판사 간행『세계통사(世界通史)』(제2판, 王斯德 主編, 2009년)의 목차를 표 4에 소개하도록 하자. 프랑스 교과서와 마찬가지로 이 교과서도 3권으로 구성되어 있다.

세계 여러 지역의 역사를 골고루 다루고 사실을 시계열적으로 설명하는 점에서 중국 교과서는 프랑스 교과서와 크게 다르고 일본 교과서에 가깝다. 하지만 일본과의 차이점도 많다. 먼저 시대구분에서 전(前) 공업문명, 봉건문명, 공업문명과 같은 생소한 개념이 사용되고 있다. 자본주의나 사회주의와 같은 말을 일본 교과서보다 빈번하게 사용하고 있는데 이 점은 사회주의 국

|그림 3| 중국의 고등학교 세계사 교과서

가 중국의 교과서인 이상 당연한 일인지도 모른다. 그 외에도 '이슬람세계'를 단위로 한 역사서술이 보이지 않는다거나, 세계사 속의 일본의 위치가 일본에서 생각하는 그것과 크게 다르다는 (예를 들어 일본을 '열강'의 하나로 인식하고 패전 이전의 일본을 파시스트국가로 규정하고 있다) 점을 금방 알아차릴 수 있을 것이다.

|표 4| 중국의 세계사 교과서 목차

제1편 『전 공업문명과 지역의 역사-1500년 이전의 세계』
제1장 선사시대
1. 인류의 기원
2. 석기시대
3. 국가의 탄생
4. 선사문화
제2장 고대 동방문명
1. 고대 이집트
2. 고대 메소포타미아
3. 고대 페르시아
4. 고대 인도
제3장 고대 그리스문명
1. 그리스문명의 기원
2. 고전시대의 그리스
3. 그리스문명의 발전
제4장 고대 로마문명
1. 로마문명의 발단
2. 로마공화국의 성립
3. 공화제 로마에서 제정 로마로
4. 로마제국의 성쇠
제5장 중세 유럽문명
1. 서구봉건문명의 성립
2. 봉건제도의 강화와 서구 주요국가
3. 서구 중세도시의 발달
4. 비잔틴제국과 동방정교회문명
5. 러시아와 중동구(中東歐) 국가
제6장 7~15세기의 아시아 봉건문명
1. 동아시아와 동남아시아(조선, 일본, 그 문화)
2. 베트남
3. 몽고
4. 아랍문명
제7장 아프리카와 아메리카의 고대문명
1. 아프리카
2. 아메리카
제8장 중세를 빠져나온 서구
1. 자본주의적 생산관계의 맹아
2. 신항로의 개척
3. 르네상스
4. 종교개혁

제2편 『공업문명의 흥성-16~19세기의 세계사』

제1장 현대 공업문명에의 길
  1. 새로운 과학의 발전
  2. 이성의 빛-18세기 프랑스 계몽운동
  3. 시장경제의 발전
제2장 공업문명의 문을 연 정치혁명
  1. 네덜란드혁명
  2. 영국부르주아혁명
  3. 미국독립전쟁
  4. 프랑스대혁명
제3장 영국공업혁명·공업문명시대의 도래
  1. 영국공업혁명의 배경
  2. 영국공업혁명의 과정
  3. 공업문명시대의 도래
  4. 정치사회개혁과 세계패권의 지위 확립
제4장 공업사회의 탄생과 민족국가 건립
  1. 프랑스의 공업사회화
  2. 독일 자본주의의 발전과 통일 민족국가의 건립
  3. 이탈리아 민족부흥운동
  4. 미국 남북전쟁과 공업자본주의의 승리
제5장 공업문명에 대한 비판과 노동운동의 흥기
  1. 공업문명의 진전과 사회문제의 발생
  2. 공업문명에 대한 비판과 변호
  3. 노동운동과 사회주의운동의 흥기
  4. 마르크스주의의 자본주의 공업문명 비판과 초월
제6장 근대 이문명 간의 충돌
  1. 노예무역, 식민지통치와 아프리카사회의 변혁
  2. 식민지에서 민족국가로 향하는 라틴 아메리카
  3. 두 문명의 아시아에서의 충돌
  4. 동방국가의 근대화 노력-일본의 메이지유신
  5. 서방을 향해-러시아의 자본주의제도 확립
제7장 새로운 비약·공업문명의 발전
  1. 제2차 공업혁명의 흥기
  2. 자본주의 생산관계의 변화
  3. 현대사회의 새로운 모습
  4. 과학문명의 신기축과 발전
제8장 제2차 공업화의 파도하의 열강
  1. 도전 받는 영국
  2. 진보를 계속하는 프랑스
  3. 발전하는 독일
  4. 급속히 발전하는 미국

5. 전통과 현대가 뒤섞인 러시아
6. 확장으로 향하는 일본

제3편 『현대문명의 발전과 선택 - 20세기의 세계사』

제1편 20세기 초의 세계 동향과 구조
1. 열강지배하의 세계
2. 세계 구조전환기의 부분적 충돌
3. 제1차 세계대전
4. 베르사유 - 워싱턴체제
제2장 소련식 사회주의에 의한 현대화 노선의 개척
1. 러시아혁명의 발발
2. 1917년 10월혁명과 소비에트징권의 건설
3. 소비에트 = 러시아의 사회주의 노선 탐색
4. '스탈린체제'의 확립
제3장 자본주의체제의 동향과 조정
1. 20년대 자본주의세계의 번영과 평화
2. 사회개량운동과 사회민주당의 정권 참가
3. 세계의 파시스트운동
4. 1929~1933년의 자본주의 세계경제의 대위기와 자본주의체제의 자기조정
제4장 제2차 세계대전
1. 파시스트국가의 조약 파기와 군비확장
2. 집단안전보장체제와 유화정책
3. 부분전쟁에서 전면전쟁으로
4. 전쟁의 전략 전환과 반파시스트연맹의 승리
5. 테헤란에서 포츠담으로 · 전승국에 의한 전후세계 준비
제5장 동서냉전의 개시
1. 자본주의체제의 조직 개편
2. 사회주의 진영의 형성
3. 미소냉전
4. 냉전 초기의 중대한 충돌
제6장 과학기술혁명과 전후 자본주의의 발전
1. 전후 과학기술혁명과 영향
2. 미국 국가독점자본주의의 발전
3. 서유럽의 부흥과 연합
4. 일본경제의 급속한 성장
5. 70년대 경제위기와 자본주의의 재조정
6. 전후에 발달한 자본주의 국가의 사회주의 운동
제7장 전후의 소련과 동유럽 국가의 발전과 변혁
1. 전후 소련의 발자취
2. 동유럽 국가의 변화
3. 동유럽의 격변과 소련 해체

제8장 20세기 민족해방운동과 발전도상국의 현대화 노선
  1. 민족해방운동의 발전
  2. 전후의 민족독립 움직임과 식민지체제의 와해
  3. 발전도상국의 현대화 노선
제9장 세계정세의 다극화
  1. 두 진영으로의 분화
  2. '제3세계'의 발전
  3. 미소의 패권 다툼
  4. 양진영 시대의 종언
제10장 20세기 사상 문화의 발전
  1. 철학과 역사학
  2. 문학과 예술
  3. 종교

그러나 가장 큰 차이는 이 세계사 안에 중국의 역사가 거의 들어있지 않다는 사실이다. 일본의 세계사는 황하문명을 고대문명의 하나로 가르치지만 중국의 세계사에는 그것이 포함되어 있지 않다. 당나라의 역사에 대해서도 송나라의 역사에 대해서도 청나라의 역사에 대해서도 기술이 없다. 신해혁명은 물론 중화인민공화국 건국이나 동서냉전기의 중국의 동향에 대해서도 언급하지 않는다. 마치 중국은 세계사에 아무런 영향을 끼치지 않았고, 세계사는 중국 없이도 성립할 수 있는 것처럼 보인다. 제2편 제6장 '두 문명의 아시아에서의 충돌'은 주로 영국의 인도 식민지화에 대한 기술이다. 이와 관련시켜 아편전쟁을 시작으로 하는 중국에 대한 영국의 군사적·경제적 진출을 설명하지 않는 것은 일본의 세계사를 알고 있는 우리에게 매우 기이하게 느껴진다. 이런 현상은 중국과 조금이라도 관계가 있는 사항은 모두 중국사의 사건으로 간주하여 중국사 교과서에서 취급하고 있기 때문에 발생하는 것이다.

일본의 최신 세계사 학습지도요령은 세계사 속에서 일본의 위

치를 충분히 고려할 것을 반복해서 강조하고 있다. 하지만 중국은 그러한 배려를 하지 않는 것 같다. 오히려 세계사와 중국사를 명확히 구분하여 양자를 완전히 달리 기술하고 있다. 이 교과서로 '세계통사'를 배운 중국인과 일본의 교과서로 '세계사'를 배운 일본인이 세계사에 대한 공통 이해를 구축하는 일은 그리 간단해 보이지 않는다.

각자의 세계사

:

프랑스와 중국의 사례만 보더라도 세계 각지의 사람들이 서로 다른 세계사 인식을 갖고 있으리라고 쉽게 상상할 수 있다. 일본에는 일본의, 중국에는 중국의 세계사가 존재한다. 프랑스인은 그것과 또 다르게 세계사를 이해하고 있다. 서로 다른 국가에 소속하는 사람들이 세계 역사에 대해 이야기할 때 그들의 논의의 전제가 되는 역사적 지식은 서로 미묘하게 차이가 나는 것이다.

19세기부터 20세기에 걸친 시기라면 그나마 나을 것이다. 프랑스나 일본이라고 하는 국민국가의 개념과 시스템이 만들어지던 이 시기, 국가는 사람들이 프랑스인이나 일본인으로서 국가에 대한 귀속 의식을 가지도록 강하게 종용했다. 그런 의미에서 각 국민이 각자의 국사를 갖는 일은 중요했다. 타국에는 타국의 역사가 있을 것이라고 생각했으며, 원래부터 세계사는 그다지 논의를 불러일으킬만한 테마가 아니었다. 막연히 자국의 역사와 타국의 역사를 합쳐놓으면 세계사가 되리라고 생각했을 것이다. 그러나 현대는 사정이 다르다. 공통의 세계사가 없다는 사실은 큰 문제이다.

지금은 심각하게 세계사를 논의해야할 시대가 된 것이다.

2. 현상을 추인하는 세계사

우리와 남을 구분하는 역사
:

일본의 표준적인 세계사 인식의 두 번째 문제점은 어느 한 인간집단과 다른 인간집단의 구분을 강조하는 성격을 가지고 있다는 사실이다. 현행 고등학교 세계사 교과서를 학습함으로써 고등학생이나 일반인들이 얻을 수 있는 역사에 대한 일반적인 생각은 대략 다음과 같을 것이다.

세계에는 자신들의 나라인 일본 외에도 많은 나라가 있다. 각 나라는 각자 다른 역사를 갖고 있다. 이러한 서로 다른 역사를 한데 합치면 세계사가 된다. 일본이 속한 동아시아문명(또는 지역세계) 또한 독자적 역사를 갖고 있어, 그것은 예를 들어 유라시아 서부의 영국, 프랑스, 독일 등이 속한 유럽문명의 역사와 다르다.

이러한 관점에 서게 되면 일본인과 다른 국가나 지역의 사람들은 제각기 다른 역사를 갖고 있기 때문에 동일한 커뮤니티 안에 속하지 않는다는 생각이 거의 무의식중에 사람들의 뇌리에 각인될 것이다. 달리 표현하면 우리가 알고 있는 세계사는 서로 다른 문명이나 국가가 한데 합쳐져 있는 것이 세계라는 인식에 입각하여 구성되고 서술된 것이다. 그것은 우리와 남의 차이를 전제로 한 세계사라고 해도 좋을 것이다.

세계에는 실제로 수많은 주권국가가 존재하기 때문에 그러한 세계사는 세계의 현상을 추인하는 것이다. 그 자체로 문제가 없다는 의견도 있을 수 있다. 그러나 여기서 다시 한 번 과거를 돌이켜보자. 19세기에 성립한 사료실증주의를 신조로 하는 근대역사학은 국가별 혹은 국민별 역사를 '창조'함으로써 국민국가 건설이라는 인류사회의 새로운 전개에 커다란 영향을 미쳤다. 한 나라와 국민이 역사를 가지게 되면 그 나라와 국민은 현실적 존재로서 의식되기 때문이다. '진실'을 밝히는 학문적 수법에 의거하여 한 나라나 국민의 역사를 실증적으로 연구하는 작업이 국민국가 건설을 크게 지원하는 결과를 초래한 것이다. 한편 마르크스주의 역사학은 인류의 발전단계에 관한 일반이론을 내놓아 한때 미래를 향한 지침으로서 커다란 정치적·문화적 역할을 했다.

이처럼 예전의 역사학은 그 공죄는 차치하고서라도 인류사회가 나아갈 방향을 제시하는 중요한 역할을 담당했다. 세계의 현상을 추인할 뿐인 오늘날의 세계사와 역사학은 그러한 정치적·사회적·문화적 역량이 없다. 현대역사학은 시대를 선도하는 횃불이었던 과거와는 달리 시대 뒤편에서 역사의 발 빠른 걸음을 그저 바라볼 뿐이다. 역사 연구를 직업으로 하는 사람은 역사학의 사회적 존재 의의에 관해 다시 한 번 심각하게 생각해봐야 할 것이다.

지금까지 역사학은 인간집단마다의 역사를 묘사함으로써 집단 간의 특징이나 차이를 부각시키는 것을 주무기로 해왔다. 이 점은 일본사와 같은 국민국가사의 경우도, 또 유럽사와 같은 문명사나 지역적 세계사의 경우도 마찬가지였다. "17~18세기 일본 사회에는 막번(幕藩)체제라는 독자적 특징이 있었다." "유럽과 이슬람세계는 서로 다른 역사를 갖고 있다." "사회의 세속화는 유럽사의 특징이다." 이렇게 생각함으로써 사람들은 일본 혹은 유럽에 대한 귀속의식을 획득해왔다. 그리고 그렇게 서로 다른 여러 개의 역사를 하나로 묶은 것을 세계사라고 생각했다. 우리가 알고 있는 세계사는 말하자면 각자 흩어져있는 개별적 '지역'사의 집합인 것이다.

우리와 남을 명확하게 구분하고 세계를 이항대립적으로 파악하는 의식은 정도의 차이는 있겠지만 동서고금을 막론하고 세계 어디서나 찾아볼 수 있다. 그 가운데서도 현대인에게 특히 큰 영향을 준 것은 19세기 북서유럽 지식인들의 생각이었다. 그들의 이항대립적인 자의식은 내셔널리즘을 고양시켜 그것을 받아들인 인간집단에게 구심력을 부여하는 데 커다란 위력을 발휘했다. 그런 한편 때때로 '우리'와 '그들' 사이의 대립을 낳기도 했다. 19세기 이래 지금에 이르기까지 세계 각지에서 벌어지고 있는 여러 분쟁의 원인의 하나는 이 '우리'와 '남'을 구별하는 세계관이다.

19세기 북서유럽 지식인에 의해 탄생한 근대역사학은 역사 연구의 틀로 매우 자연스럽게 이 이항대립적 세계관을 내포하고 그것을 뒷받침하는 역할을 했다.

˙이슬라암세계˙의 실체화
:

하나의 구체적인 예를 들어 우리와 남을 구분하는 세계사의 문제점을 지적하도록 하자. 그것은 이슬라암세계사라고 하는 역사의 파악방법에 관해서이다. 아직도 많은 매스 미디어들은 지금부터 문제 삼을 종교나 신앙체계의 이름을 '이슬람'이라고 표기한다.

그러나 이 책에서는 인용을 제외하고는 아라비아어 원어에 더 가깝게 '이슬라암'이라고 장음으로 표시하고 있다.

오래전 이야기이지만 마침『이슬라암세계의 창조(イスラーム世界の創造)』(東京大學出版會, 2005년)라는 책을 집필하고 있을 무렵의 일이었다. 대학에서 한 이과계 동료와 함께 세상 돌아가는 이야기를 하고 있었을 때 구체적인 연구 테마가 화제에 올랐다. 필자가 "이슬라암세계란 무엇인지, 정말 존재하는지에 대해 생각하고 있습니다."라고 자신의 테마를 소개하자, 그 말을 들은 동료는 "하지만 이슬라암세계는 존재합니다. 고등학교 세계사 교과서에서 배웠습니다."라고 반론했다. 그때 필자는 순간적으로 "그렇다. 역사를 배우는 것에는 이런 의미가 있구나."라고 생각했다. 뜻하지 않게 큰 힌트를 준 이 동료에게 감사하게 생각하고 있다.

사람, 인간집단, 사물, 공간 등, 묘사하는 대상이 무엇이든 역사를 기술한다는 것은 대상이 존재했거나 존재하고 있다는 것이다. 존재하지 않는 것의 역사는 쓰려고 해도 쓸 수가 없다. 많은 일본인이 이슬라암세계가 존재하는 것을 당연시하는 이유는 이슬라암세계의 역사를 고등학교에서 배우기 때문이다. 세계사가 이슬라암세계를 실체화하는 데 공헌하고 있는 셈이다.

오해를 피하기 위해 부언하자면 물론 세계사만이 이슬라암세계라는 개념을 실체화하고 있는 것은 아니다. 구미와 이슬라암세계를 이항대립적인 존재로 파악하는 세계관에 대해 의문을 품지 않고, 그러한 생각에 입각한 담론을 계속해서 강화하고 재생산해내고 있는 세계와 일본의 지식인, 정치가, 관료, 매스 미디어의 책임 또한 매우 크다.

예를 하나 들자. 2007년 5월 3일의 헌법기념일에 아사히신문은 '사설21 제언 일본의 신전략'이라는 이름하에 21개의 사설을 한 꺼번에 게재했다. 그중 하나는 '이슬람과의 교제'라는 제목의 사설이었다. 제목이 말해주듯이 이 사설은 일본에게 있어서 '타자'인 이슬라암세계와 어떻게 관계를 맺을지에 대해 논하고 있다. 사설의 입장을 쉽게 알 수 있는 문장을 몇 개 인용해보자.

> "일본은 (이슬람과) 어떻게 교제하면 좋을까? 서양과 다른 문화 속에서 발전해온 역사를 활용하면 좀 더 폭넓은 전략을 구상할 수 있을 것이다." "이슬람세계는 소위 서구화와 다른 독자적인 발전 모델을 갈망하는 분위기가 강하다." "이슬람세계와의 접점을 늘리기 위해서는 (중략) 이슬람연구의 거점이 될 만한 국립연구소를 설치하는 것도 하나의 방법이지 되지 않을까?" "적극적으로 이슬람세계와 관계를 구축할 수 있는 인재를 육성하는 일도 미래를 위한 투자이다."

이러한 문장들은 '이슬라암세계'가 서양이나 일본과는 다른 독자적인 공간이라는 점을 강조하고 있다. 상세한 것은 이미 다른 논문에서 밝혔기 때문에 반복하지 않지만(「'이슬람세계'와 새로운 세계사(「イスラム世界」と新しい世界史)」, 水島司 편『グローバル・ヒストリーの挑戦』), 이 사설에서 말하는 '이슬람세계'는 애매하긴 하지만 지리적인 범위를 가진 공간임과 동시에 이슬라암교도 전체를 하나의 집단으로 여기는 가상공간이기도 하다. 이러한 공간이 지구상에 실재하고 있고, 그것은 우리가 속한 일본이라는 공간과는 다른 것이라는 전제하에서 논의를 전개하고 있다. 이런 식의 논의는 지금까지 100년 이상에 걸쳐 일본에서 축적되어 온 세계관과

논의 방법 위에 입각한 담론이다. 이슬라암세계는 현실적 존재로 인식되고 있다. 많은 신문 독자들에게 알기 쉬운 논의였을 것이다.

그러나 필자는 이 사설처럼 처음부터 이슬라암세계나 무슬림을 자신들과는 다른 타자로 상정하고 그들과 어떻게 교재할지를 논하는 한 근본적인 문제는 결코 해결되지 않는다고 생각한다. 지금 우리에게 필요한 것은 이라크, 아프가니스탄, 팔레스타인 등의 문제를 '그들의' 문제가 아니라 '우리들의' 문제로 생각하고 함께 해결하려는 자세이다. 자기와 타자의 구별은 존재하겠지만 그 위에 더 큰 '자신'을 상상하는 것이 중요하다.

새로운 세계사는 더 큰 '자신'을 낳는 힘이 되어야 한다. 서로의 차이를 강조하여 분쟁의 씨앗이 될지도 모르는 역사를 언제까지나 계속 생산해낼 수는 없는 일이다. 발상의 전환이 필요하다. 차이가 아니라 공통점에 주목하는 역사 이해와 그에 입각한 세계사 서술이 지금 요구되고 있다.

중국과 이슬라암세계
:

이야기는 잠시 옆길로 새지만 일본에서 '이슬라암세계'라는 개념이 얼마나 무신경하게 또 무한정적으로 사용되고 있는지를 잠시 살펴보도록 하자. 앞서 오늘날 중국에서 가르치는 세계사의 개요를 소개하면서 중국의 세계사 교과서가 이슬라암세계라는 말을 사용하지 않는 점을 지적한 바 있다. 일본에서 이슬라암세계 혹은 이슬라암문명이라고 부르는 것을 중국 교과서는 아랍문명이라고 표기하고 있다. 국내에 많은 무슬림이 존재하는 중국에서 이슬라암세계라는 말은 공식적으로 금구에 가깝다. 만약 이슬람세계가 실재적 공간이라면 그것과 지리적 공간으로서의 중국 영토가 일부 중복하여 중국의 국가적 일체성을 부정할 가능성도 생기기 때문이다.

이슬람세계의 실재를 믿어 의심치 않는 일본과 달리 중국에서 이슬람세계라는 말은 극히 미묘한 개념이다. 2009년 1월, 미국의 오바마 대통령은 취임연설에서 세계의 무슬림들에게 화해를 제안하며 "우리는 이슬람세계(Muslim world)에 대해 공통의 이익과 상호 존중에 입각하여 새로운 길을 모색할 것"이라고 말했다. 중국의 국영 신화사통신은 웹사이트에 이 연설의 중국어 번역문 '전문'을 게재했지만, 앞에서 소개한 이슬람세계에 관한 발언은 통째로 삭제되었다고 한다(아사히신문, 2009년 1월 28일 조간).

중국에는 많은 이슬람교도가 살고 있다. 만약 그들이 자신을 '중국인'이기보다 '이슬람교도'로 더 강하게 의식하게 되면 중국 정부의 입장은 골치가 아프게 된다. 위구르족처럼 소수민족으로서 불안정한 입장에 처해 있는 중국 국내의 이슬람교도가 국외에 있는 이슬람교도와 결탁하여 중국의 국가체제를 뒤흔드는 운동을 일으키지 않는다는 보장이 없기 때문이다. 이슬람세계는 중국정부에게 단순히 '저쪽 세계'라고만 치부할 수 없는 위험한 공간 개념인 것이다.

취임연설에서 이슬람세계라는 표현을 쓴 오바마 대통령조차도 그 뒤부터는 이 말을 사용하지 않게 되었다. 이슬람세계라는 말을 단수형으로 사용하면 그것이 마치 국민국가와 같은 하나의 의지를 가진 균질한 공간처럼 여겨질 수 있기 때문이다. 예를 들어 2009년 6월 4일 카이로에서 있었던 오바마 대통령의 연설에서는 '세계 중의 무슬림(Muslims around the world)' 혹은 '무슬림이 다수를 차지하는 나라들(Muslim-majority countries)' 등과 같은 복수형의 신중한 표현이 사용되었다. 오바마정권은 현실을 조심스럽게 살피면서 성실한 자세로 무슬림을 대하려는 태도를 보이고 있다.

그러나 대통령의 카이로 연설을 보도한 일본의 매스 미디어는 '미 대통령, 이슬람세계와의 협조를 제안'이라고 변함없이 '이슬람세계'라는 말을 사용했다. 효과의 문제를 떠나 일부러 다른 표현을 사용해가며 신중하게 화해를 호소하고 있는 오바마 대통령의 태도에 비해 일본의 언론계는 이슬라암세계라는 말에 대해 거의 사고 정지 상태라고밖에 할 말이 없다. 이슬라암세계라는 말이 애매하고 오해를 불러일으키기 쉽다는 점, 이 개념이 어떤 종류의 정치성을 지니고 있다는 점, 그리고 이 개념을 사용함으로써 보이지 않게 되는 것이 있다는 점 등에 대해 배려가 지나치게 없는 것은 아닐까? 중국과 달리 국내에 무슬림이 거의 없는 일본에서는 이슬라암세계라는 말을 자신들과 다른 타자들이 사는 공간으로 편리하게 사용하고 있다.

3. 유럽중심사관

현행 세계사의 가장 큰 결점
:
현대 일본의 세계사 인식에 보이는 세 번째 문제점은 유럽중심사관이다. 이것은 이미 말한 첫 번째와 두 번째의 문제점과 밀접한 관련이 있는데, 아마도 현행 세계사 인식의 가장 큰 결점일 것이다. 이렇게 말하는 이유는 우리가 현행 세계사를 학습하면 그 결과 거의 자동적으로 유럽은 특별하고 세계에서 가장 뛰어나다고 믿어버리는 시스템이 구축되어 있기 때문이다. 한편 일본어에서 '유럽'이란 말은 때때로 '구미'와 같은 의미로 사용되는 경우가 많다. 이는 일종의 환상으로서, 유럽과 미합중국은 실제로 많은 점에서 서로 다른 특징을 갖고 있다. 하지만 이하에서 유럽중심사관에 대해 이야기할 때는 '유럽'과 '구미'를 같은 말로 사용한다.

유럽중심사관이란 단적으로 다음과 같은 생각을 말한다.

> "유럽이 역사를 만든다. 그 외 세계 여러 지역은 유럽이 그것과 접촉하기까지 역사가 없다. 유럽이 중심이다. 세계의 그 외 지역은 주변이다. 유럽은 다른 것과 준별되는 특별한 존재이며, 유럽만이 유일하게 역사를 만들고 움직일 수 있다."(Robert B. Marks, *The Origins of the Modern World*, second ed. Rowman & Littlefield publishers, 2007, p.8)

19세기에 '유럽'에의 귀속을 신봉하는 사람들이 묘사한 유럽의 역사는 유럽을 타 지역과 다른 특별한 곳으로 간주하고 그 우월성의 유래를 밝히고자 한 것이었다. 그 대략적인 줄거리는 르네상스기에 고대문명의 예지를 '재발견'하고 종교개혁을 통해 구 교회의 영향력을 제거한 뒤 대항해시대를 통해 세계 각지로 진출한 유럽인이 과학기술을 진보시키고 정치적 · 경제적 제도 개혁을 단행하여 미국독립전쟁, 프랑스대혁명, 그리고 영국의 산업혁명을 거쳐 19세기에 세계를 제패하기에 이르렀다는 석세스 스토리이다. 그것은 말하자면 '승자의 역사'이다.

이런 내용의 이야기는 현대 일본의 세계사 이해 안에 여전히 선명하게 남아 있다. 예를 들어 현행 고등학교 세계사 교과서 가운데 가장 많이 채택되는 야마카와출판사(山川出版社)의 『상설 세계사B(詳說世界史B)』의 구성을 보자. 이 교과서에는 16세기부터 19세기의 역사가 한 묶음으로 되어 있는데, 그것은 다음과 같은 7장 구성이다.

　　제8장 아시아 지역의 번영
　　제9장 근대유럽의 성립
　제10장 유럽 주권국가체제의 전개
　제11장 구미 근대사회의 성장
　제12장 구미 근대국민국가의 발전
　제13장 아시아 지역의 동요
　제14장 제국주의와 아시아의 민족운동

제9장부터 제12장까지의 네 개의 장에서는 유럽에서의 근대의 성립과 발전에 대해 시대를 따라 서술하고 있다. 그에 반해 아시아 지역의 역사는 따로 다루고 있는데, 제8장에서는 16~17세기에 걸친 시기의 번영 양상을 설명하고 있지만, 제13장의 시기(18~19세기)에는 아시아의 많은 지역이 동요되거나 식민지화되어(제14장) 유럽의 제국주의적 지배에 대해 민족운동을 조직했다는 흐름으로 되어 있다.

이 교과서로 세계사를 배운 사람은, 이전에는 다른 지역세계와 나란히 가고 있었다 하더라도 적어도 16세기 이후가 되면 유럽이 선진적으로 경제를 발전시켜 비유럽세계를 지배하게 되었다거나, 유럽이 언제나 시대에 앞장서서 새로운 정치제도, 사상, 가치를 고안해내고 뒤처진 비유럽사회는 그러한 것과 조우함으로써 동요를 일으켜 유럽적인 것을 받아들일 수밖에 없었다는 식으로 세계의 역사를 이해하게 될 것이다.

오직 유럽만이 진보·성공했다고 생각하는 이러한 유럽사(일본에서는 종종 서양사와 같은 의미로 사용)가 타 지역의 역사와 구별되는 형태로 세계사 속에 파고들고 우리가 아무런 의문 없이 그것을 받아들이는 한, 유럽을 중심에 두고 세계 역사를 해석하는 자세나 유럽을 세계의 중심으로 생각하는 세계관은 결코 사라지지 않을 것이다.

북서유럽의 몇몇 나라의 경제력과 군사력이 다른 나라들(여기에는 지리적 의미의 유럽 내의 많은 국가들도 포함된다)보다 단연 뛰어났던 19세기 후반이라면 몰라도 유럽 국가들의 의지만으로 세계인들의 생활이 움직이고 있지 않는 것이 분명한 현대 세계에서 유럽과 비유럽을 준별하여 유럽의 우월성과 특별함을 강조하는 역사관은 더 이상 지지를 받을 수 없다.

하지만 자신을 중심에 두고 과거를 이해하려는 태도는 세계의 어떤 인간집단한테도 정도의 차이는 있지만 보이는 현상으로, 결코 '유럽'만의 특징이 아니라는 점에 주의해야 한다. 다음 장에서 보는 것처럼 중국중심사관, 이슬람중심사관 그리고 일본중심사관 등 그 예는 얼마든지 있다. 그런 의미에서 '유럽'에 귀속의식을 가지는 사람이 유럽을 중심으로 역사를 묘사하는 일 그 자체는 특별히 비난받을 일이 아니다. 문제는 예를 들어 일본인과 같은 '비유럽'인들조차 '유럽'이라는 개념과 그것을 중심으로 세계사를 이해하는 태도를 받아들이는 데에 있다.

살아남은 유럽사
:

유럽중심사관을 극복하기 위한 노력은 세계 각지에서 계속 이어지고 있다. 유럽의 역사를 특별하다고 생각지 않는 유럽 사람도 많이 있다. 일본에서도 학습지도요령에 따라 세계사는 복수의 문화권 내지 지역세계의 역사의 집합체로, 유럽사는 그중 하나에 불과하다는 생각이 어느 정도 정착되었다. 뿌리 깊은 유럽중심사관도 역시나 극복되고 있는 것처럼 보인다. 그러나 과연 정말 그럴까? 필자는 그리 간단한 일이 아니라고 생각한다. 틀림없이 유럽중심사관은 상대화되었다. 하지만 현재 일본의 일반적인 세계 인식과 세계사 파악 방법은 유럽중심사관과 전혀 관계가 없다고 단정할 수 없다.

"구미와 비교하여 일본은 ○○년 뒤떨어졌다." "구미를 배우고 구미를 따라잡아야 한다." "일본이 쇄국을 하고 있는 동안 구미가 앞서 가버렸다." 이런 종류의 말은 오늘날에도 끊이지 않고 있다. 합스부르크가나 인상파 회화의 전람회가 열리면 반드시 사람들이 몰린다. 백화점에서는 자주 '프랑스 페스티벌', '이탈리안 페어'가 개최된다. British Museum을 '대영박물관'이라고 번역하고는 의문을 품지 않는다. 에도시대의 나가사키가 실제로는 거의 중국무역을 위한 항구였음에도 불구하고 '유럽문명의 창구'로서의 나가사키를 계속 강조한다. 예전에 네덜란드선이나 포르투갈선이 내항했던 규슈 각지의 자치단체들은 그러한 역사적 사실을 기념하여 상대국의 도시와 자매도시 협정을 체결하려 노력하고 있다. 이처럼 우리 주변은 아직도 유럽중심사관을 생성하는 담론과 행동으로 가득 차 있다.

최근의 학습지도요령을 다시 한 번 자세히 분석해보면 그 이유를 알 수 있다. 학습지도요령은 분명히 세계 각지에 복수의 문화권 내지 지역세계가 존재한다고 말하고 있다. 그러나 '유럽' 이외의 복수의 문화권 내지 지역세계는 모두 '신세계'에 위치하거나 예전의 '동양'에 포함되거나 둘 중 하나이다. 이전에는 하나로 파악되던 '비유럽'이 몇 개의 지역세계로 분해된 것에 비해, 유럽 역사의 틀과 서술 방법은 패전 이전의 서양사에서 기본적으로 바뀌지 않아, 다른 지역들과 구별된 채 방치상태로 놓여 있다. 유럽은 복수의 문화권 중의 하나가 되었지만 계속해서 특별한 위치를 갖고 있고, 유럽에 관한 시계열사적 역사 서술은 커다란 변경이 가해지지 않은 상태로 온존되어 있다.

유럽사의 불가사의
:

일본의 세계사에서 말하는 '유럽'은 '동아시아'나 '서아시아'와 같은 지역세계의 하나로서, 다른 지역과 구별되는 지리적 공간 안에서 독자적인 역사가 전개되었다고 여겨지는 것이 일반적이다. 유럽중심적인 역사 해석, 예를 들어 고전 고대의 문화는 일단 이슬람세계에 의해 보존된 뒤 유럽에 전해졌으며 바로 이 점에서 이슬람문명은 중요한 의의를 가진다는 식의, 그야말로 유럽중심적인 역사 이해는 유럽이 독립된 지리적 공간이라는 생각이 있고나서 비로소 성립한다.

그러나 현행 세계사의 유럽사 서술은 지리적 의미의 유럽의 과거와 반드시 대응하고 있지 않다. 이 점은 동구나 북구 혹은 남구의 과거와 우리가 일반적으로 유럽사로서 머리에 떠올리는 이야기가 어느 정도 정합성을 가지는지 생각해보면 금방 이해가 될 것이다.

이베리아반도의 스페인과 포르투갈을 예로 들어 들어보자. 이두 나라는 15~16세기에 이슬람교도를 이베리아반도에서 축출하고 비유럽 각지로 진출하여 '유럽 확장'의 중심에 선 국가들로 설명된다. 하지만 19세기 유럽사를 이야기할 때 양국이 등장하는 일은별로 없다. 이 시기 유럽을 대표하는 나라는 영국, 프랑스, 독일 등이기 때문이다. 19세기 '유럽'을 '비유럽'과 구분하는 지표인 산업혁명, 자유무역, 민주주의 등은 과연 같은 시기의 스페인이나 포르투갈에서도 찾아볼 수 있는 것일까? 대답은 No이다. 실제로 양국의과거가 유럽사의 메인 스토리와 합치하는 것은 아마도 15~16세기만의 일이 아닐까? 양국의 통사를 집필할 때 '유럽'의 역사와 무리없이 접합될 수 있으리라고는 도저히 생각되지 않는다. 바이킹의시대만 다루어지는 노르웨이, 르네상스 이후 19세기의 건국까지이야기가 건너뛰는 이탈리아의 경우도 상황은 마찬가지이다.

생각해보면 유럽사라고 하는 관점은 다른 점에서도 매우 불가사의하다. 그 가운데 특히 무시할 수 없는 것은 유라시아대륙의 동방이나 남방과는 달리, 유라시아의 서방과 지중해 주변의 역사만이 어느 시점에서 시간적으로 전후로 분단된다는 사실이다. 앞 시기는 고대오리엔트와 지중해세계로, 뒤 시기는 이슬람세계와 유럽으로 분리되어 이야기된다. '동아시아세계'나 '남아시아세계' 등은 지리적 공간으로서 오래전부터 일관되게 존재한다고 여겨진다. 왜 '유럽세계'는 그렇지 않은 것일까? '유럽'은 지리적인 공간이 아닌 것일까? 종교를 중심으로 구상된 '이슬람세계'는 아무리 생각해도 지리적 공간이라고 말하기 어렵다. 만약 이 두 개가 지리적 공간이 아니라면 오늘날 세계사에서 말하고 있는 '지역세계'란 과연 무엇일까? 기준이 매우 모호하다. 이 문제를 잠시 접어두고서도 지도를 보는 한 지리적 호칭으로서의 유럽은 확실히 존재하고 있다. 그 역사는 왜 과거부터 현재까지 일관되게 그려지지 않는 것일까? 불가사의한 일이다.

두 개의 유럽
　:

　논의를 정리하자. 중요한 점은 유럽이라는 단어가 지리적 공간을 가리킴과 동시에 추상적 개념이기도 하다는 사실이다. 단어 자체의 기원은 고대 그리스까지 거슬러 올라간다. 예를 들어 그리스의 역사가 헤로도토스는 세계가 유럽, 아시아, 리비아(아프리카)의 세 부분으로 나뉘어져 있다고 생각했다. 유럽과 아시아의 경계선은 보스포루스(Bosporus) 해협과 흑해로 흘러들어가는 돈(Don) 강이었다. 또 14~15세기경까지 서방 유라시아 가톨릭세계에서 '유럽'이란 말은 자신들이 살고 있는 토지, 따라서 기본적으로 지리적 공간을 의미했다. 물론 자신들이 사는 곳이기에 약간의 적극적인 혹은 긍정적인 의미를 부여하려는 경향이 없었다고는 할 수 없다. 그러나 이 시기의 세계관을 말해주는 TO 지도(그림 4)에서 보다시피 유럽은 세 개로 분할된 세계의 한 부분에 불과했다. 당시 크리스트교도에게 세계의 중심은 예루살렘이었다.

|그림 4| TO 지도

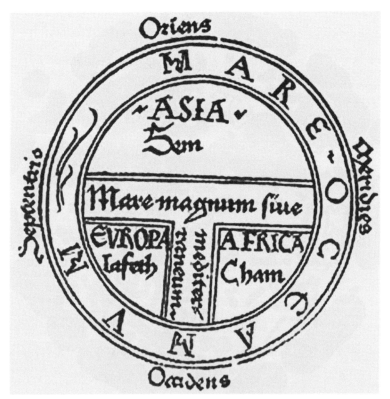

7세기의 『어원론(語源論, *Etymologiae*)』[세비야의 이시도로스(Isidorus) 저]에 삽입된 것. 아시아가 세계의 반을 차지하고, 유럽은 좌측 아래 부분의 4분의 1에 불과하다.

한편 개념으로서의 '유럽'의 의미와 내용은 19세기 전반에서 중반이 되어서야 겨우 만들어졌다. 진보, 민주주의, 자유, 평등, 과학, 세속, 보편 등 당시 생각할 수 있는 모든 정(正)의 가치가 북서유럽과 북아메리카의 지식인들에 의해 '유럽'의 속성이 되어, 복합적이고 독특한 개념이 형성되었다. 그러나 그것이 지리적 유럽이라는 공간에 사는 사람들의 사회적 특징을 반드시 나타내는 것이 아니라는 점에 주의해야 한다. 그것은 어디까지나 개념으로서의 '유럽'의 속성이다. '유럽'은 대항개념으로서 반대의 의미를 가지는 '오리엔트(동양)'나 '아시아' 그리고 '이슬람세계' 등을 상정함으로써 더욱 명확한 정의 이미지를 획득하게 되었다. 이 책에서는 이후 개념으로서의 유럽을 명확히 가리킬 때는 '유럽'이라고 작은따옴표로 표시한다.

우리가 배우는 유럽사의 근본적인 문제점은 개념으로서의 '유럽'이 상정하는 역사와 지리적 공간으로서의 유럽의 과거가 명확히 구별되지 않고 양자가 혼연일체가 되어 있다는 점이다. 몇 번이나 강조하고 있는 것처럼 종래의 유럽사는 19세기에 자신들을 특별한 '유럽'인이라고 믿었던 사람들의 자의식과 세계 인식이 만들어낸 것이다. 그 사람들이 믿고, 많은 사람들이 받아들인 '유럽'은 하나의 개념으로, 현실의 지리적 공간과는 일치하지 않는다. 개념으로서의 '유럽'의 역사를 내부에 품고 있는 세계사는 유럽중심사관으로부터 결코 자유로울 수 없다. 두 번째 문제점에서 지적한 것처럼 '유럽'의 역사는 자기와 남을 구분하고 스스로를 우월하다고 주장하기 때문이다.

일본인의 유럽사

:

단 마지막으로 한 가지 유보할 점은 일본에서 가르치는 '유럽'의 역사가 자신을 '유럽'인이라고 생각하는 사람들이 이해하는 유럽사와 완전히 같다고는 말할 수 없다는 사실이다. 19세기에 '유럽'이라는 개념이 힘을 얻게 되었다고는 하지만 유럽 여러 나라에서 통일적인 유럽사가 연구되고 서술될 기회는 그다지 많지 않았다. 이 시기에는 국사의 확립이 무엇보다 우선시되었기 때문이다. 예를 들어 19세기 프랑스의 유명한 역사가 미슐레는 "다른 나라의 역사는 모두 어딘가 결함이 있다. 오직 프랑스의 역사만이 완벽하다."(『민중(Le Peuple)』, 1846년)라고 단언하며 프랑스사의 중요성과 우월성을 강조했다.

오늘날도 유럽의 많은 나라에서는 자국사와 주변 국가의 역사를 합친 것을 막연하게 유럽사로 이해하고 있는 것처럼 보인다. '비유럽'의 역사를 관심 밖에 두는 점에서는 일치하지만, 유럽 어디서나 통용되는 공통의 유럽사는 아직 없다. 나라마다 다양한 유럽사가 존재하고 있는 것이다. EU가 정치·경제의 공동체로서 커다란 의미를 갖게 된 오늘날, 관계 국가의 역사학자들 사이에서 처음으로 통일적인 유럽사 서술이 시도되고 있는 상황이다.

이에 비해 일본에서는 메이지시대 이래 전시 중의 한 때를 제외하고 유럽사 혹은 서양사가 언제나 외국사 연구의 중심에 위치하고 있었다. 그 실태는 영국사, 독일사, 프랑스사와 같은 각국사의 집성이었다 할지라도, '서양사'라는 큰 틀 안에서 구미 각국의 역사를 함께 이해하려는 경향이 현저했다. 이러한 점은 '서양 the

West'이란 틀로 유럽과 북미를 일체화하여 그 역사를 전체적으로 이해하려는 경향을 보이는 미합중국의 세계사 인식과 가깝다고 할 수 있을 것이다. 일본의 '서양사'에는 자신들이 본받아야할 이상적인 선진지역의 역사라는 의미가 강하게 포함되어 있다. 이런 점에서 일본의 '서양사' 개념과 틀은 일본 독특의 '옥시덴탈리즘(서양취미)'의 토양이 되고 있다.

우리는 지금도 '유럽은…'이라고 말하며 논의하는 것을 좋아하지만 실제 가서 관찰해보면 금방 알 수 있듯이 '유럽'은 그렇게 자명하고도 일체적인 존재가 아니다. 개인적인 경험에 불과하지만 한 가지 예를 들자. 1997년 겨울, 10개월가량 체재하고 있던 영국을 떠나 이탈리아로 건너갔을 때 느낀 놀라움과 위화감은 지금도 잊을 수가 없다. 두 나라 사이에 다른 것은 건물의 색깔이나 모습, 식물, 먹거리뿐만이 아니었다. 어두침침하고 흐린 북쪽나라에 살며 질서를 존중하고 냉정하면서도 조심스럽고 또 고집이 센 사람들과, 새파란 하늘 아래의 혼돈스런 마을에 살며 밝고 성질이 급하면서도 융통성이 있는 사람들! 너무나도 대조적인 사람들이었다. 그들을 유럽이란 말로 한데 묶을 수 있다고는 도저히 생각할 수 없었다.

새삼 지적할 필요도 없는 일이지만 19세기의 영국인들은 결코 자신들을 유럽인이라고 규정하지 않았다. 대부분의 영국인에게 유럽은 도버 해협 저쪽 편에 있는 별세계를 의미했다. 그렇다고 한다면 이 책에서 지금까지 강조해온 일본의 유럽중심사관은 유럽 여러 나라의 유럽중심사관과 미묘하게 다른 일본적 특성을 지니고 있다고 보아야 할 것이다. 이 문제에 대해서는 여기서 더 이상 언급하지 않지만 앞으로 검토해볼 가치가 있다고 생각된다.

　이상에서 현행 세계사 이해가 왜 시대와 맞지 않게 되었고 또 어떤 문제점을 안고 있는지에 대해 세 개의 관점에서 설명해왔다. 다시 한 번 정리하면 다음과 같다.

　① 현행 세계사는 일본인의 세계사이다.
　② 현행 세계사는 자기와 남을 구별하고 차이를 강조한다.
　③ 현행 세계사는 유럽중심사관으로부터 자유롭지 못하다.

　이러한 현행 세계사의 세 가지 문제점의 뿌리는 같다. 19세기에 성립한 근대역사학 자체가 세 가지 성격을 겸비하고 있기 때문이다. 근대역사학은 유럽(자기)과 비유럽(남), 나아가 자국과 타국의 역사를 구분하며 세계 역사를 구상한다.

　그렇다면 우리는 근대역사학의 방법과 성과를 완전히 버리고 인간의 과거에 대한 전혀 새로운 인식 방법을 고안해낼 수밖에 없는 것일까? 필자는 그 정도로 비관적이지는 않다. 근대역사학의 특징을 잘 활용하면 새로운 역사 인식과 세계관을 획득하는 일도 충분히 가능하다고 생각하기 때문이다.

　이 장에서 밝힌 세 가지 약점을 근대역사학의 틀 안에서 극복하면 되는 일이다. 제3장에서는 새로운 세계사의 의의를 강조한 뒤, 중심사관이 가지는 문제점을 다시 지적하고 그것을 극복할 수 있는 방법에 대해 논하고자 한다. 또 지금까지 시도된 새로운 세계사를 소개하고 그 유효성과 한계를 확인할 예정이다.

1. 새로운 세계사의 매력

지구사회와 새로운 세계사
:

세계사의 표준적인 틀은 하나의 토내 위에서 시간과 함께 천천히 변화해왔다. 그러나 지금 토대 그 자체의 한계가 드러나 현실세계의 움직임과 세계사의 틀이 서로 잘 대응하지 않게 되었다. 이 점에 대해서는 지금까지 설명해왔기 때문에 이해가 되었을 것이다. 현대 세계는 새로운 세계사를 필요로 하고 있다. 그것은 도대체 어떠한 내용의 세계사일까?

단적으로 말해서 지구주의(地球主義)의 사고에 입각한 지구시민을 위한 세계사이다. '지구주의'란 무엇인가? 우리들의 생활의 무대인 지구를 소중히 여기고, 현재 지구상에서 발생하고 있는 정치, 경제, 사회, 환경 등의 문제를 지구시민의 입장에서 해결해가려는 태도를 말한다.

'세계는 하나'이고 인간은 같은 지구상에서 생활하고 있기에 우리는 한 나라의 국민임과 동시에 지구사회의 일원, 즉 지구시민이기도 하다는 사실을 강하게 의식해야 한다. 세계 전체의 이해를 고려하면서 행동하기 위해서는 세계를 '우리 일본과 타자 외국'으로 볼 것이 아니라 '우리들의 지구'로 파악하는 세계 인식이 필요하다.

새로운 세계사는 그러한 세계 인식을 분명히 의식할 수 있는 내용을 갖추어야 한다. 중요한 것은 일본인뿐만 아니라 구미 사람들을 포함한 세계 모든 사람들이 그것을 자신의 과거로 생각할 수 있는 세계사이어야 한다는 점이다. 자타의 구별을 강조하지 않고, 또 어느 한 지역이나 국가만이 중심이 되지 않고, 사람들이 지구상에 같이 살고 있다는 사실을 이해할 수 있는 세계사, 그리고 모든 세계 사람들이 서로 연결되어 살아왔다는 사실을 알 수 있는 세계사가 이상적이다.

하지만 과연 실제로 그러한 교과서는 가능한 것일까? "어렵다. 무리일 것이다." 지금까지 역사 해석과 서술에 종사해온 많은 사람들은 아마 이렇게 생각할 것이다. 앞장의 마지막 부분에서 지적한 바와 같이 세계사 인식에 관한 대부분의 문제점은 근대역사학의 성격 그 자체에서 비롯하고 있기 때문이다. 세계를 보는 지금까지의 시점과 방법을 그대로 방치해서는 새로운 세계사에 도달할 수 없다. 그렇다고 아무 일도 하지 않은 채 포기할 수는 없는 일이다. 그것은 역사학의 죽음을 의미한다.

비록 늦었지만 우리는 현행 세계사의 문제점을 분명하게 알게 되었다. 그렇다면 그것이 가능하든 불가능하든 마치 당연한 것처럼 여겨지고 있는 종래의 역사 이해의 시점과 서술 방법을 재고하고 새로운 세계사를 구상하는 방향으로 나아가야 한다. 앞서간 사람들이 이미 다져놓은 길 위를 걷는 것이 아니라 발상을 전환시키고 길 없는 길을 혼자서 용기를 갖고 대담하게 개척하며 나아가야 한다. 실패를 두려워할 필요는 없다. '쓸 수 있을까?'가 아니라 '써야만 한다.'

역사학자의 일
:

오해를 피하기 위해 부언하자면 필자는 역사 연구에 관심을 가지는 사람 모두가 새로운 세계사 구상에 착수해야 한다고 주장하고 있는 것이 아니다. 직업이 아니라 취미로서 역사를 탐구하는 것이라면 테마는 무한히 존재한다. 자신의 증조부의 생애, 어느 마을의 100년 전의 모습, 외국의 위인의 일생, 한 나라의 300년 전의 정치제도, 먼 나라에서 발견된 1000년 전 문서의 해독, 자기가 좋아하는 나라의 역사 등등, 관심을 갖고 있는 테마를 자유롭게 탐구하면 된다. '역녀(歷女)'라고 불리는 사람들이 전국시대의 무사나 장수를 좇아 돌아다니는 일도 새삼 문제가 될 것이 없다. 새로운 세계사만이 역사가 아닌 것이다.

그러나 필자와 같이 국립대학이나 공공연구기관에서 역사 연구를 직업으로 하는 '연구자'의 경우 사정은 다르다. 재미있다는 이유로 어느 인물의 생애를 상세하게 조사하거나 과거의 난해한 문서를 읽는 것만으로는 문제가 끝나지 않기 때문이다. 그런 것은 취미활동과 다름이 없다. 연구를 했으면 그것을 정리해서 공표하는 작업이 요구되고, 발표 시에는 연구의 목적과 의의를 명시해야 한다. 왜 이 사람에 대해 알려 하는지, 왜 이 문서를 읽는지, 그로써 무엇을 밝힐 수 있는지, 또 이 연구는 세계 여러 사람들에게 어떤 의미를 지니는지를 명확하게 의식하고 있어야 한다.

개인의 연구는 같은 학계에 속하는 다른 연구자들에게 평가를 받고 그들에게 학문적 영향을 주면 그것으로 족하다고 생각하는 경우가 많다. 그러나 지금은 학계 그 자체가 얼마나 사회에 공헌하고 있는지를 묻는 시대이다. 직업으로서 역사를 연구하는 사람은 구체적 연구를 진행하는 데 있어 항상 이러한 점에 대해 냉정하게 자문자답할 필요가 있다.

일본인 연구자가 일본사 연구의 의미를 발견하는 일은 비교적 쉬울 것이다. 인간이 스스로가 걸어온 길을 더듬어 그 의미를 이해하려고 하는 것과 마찬가지로, 자신을 일본인으로 의식하는 사람이 일본이라는 나라의 역사를 체계적으로 알고 싶어 하는 일은 매우 자연스러운 현상이기 때문이다. 일본국 정부가 연구를 장려하는 의미도 이해할 수 있다. 하지만 외국사 연구의 경우는 이야기가 그리 간단하지 않다. 일본인이 왜 다른 나라의 역사를 연구하는지, 그리고 많은 경우가 그렇지만 연구 성과를 왜 일본어로 발표하는지, 이러한 점에 대해 의미 부여가 필요하다. 그 나라 혹은 그 지역을 좋아하기 때문이라는 식의 태도는 '연구자'의 연구 목적으로서 오늘날 통용되지 않는다.

2010년 초여름, 혼신의 대저 『사학개론(史學概論)』(東京大學出版會)을 출판한 지 반년 만에 홀연히 이 세상을 떠난 프랑스사 연구자 지즈카 다다미(遲塚忠躬)는 유작이 된 책 안에서, 역사학의 목적은 독자를 사색으로 초대하는 일이며, 그 효용은 인간의 사회적 자기인식을 심화시키는 것이라고 말했다. 명확하게 이야기하고 있지는 않지만 지즈카에 의하면 외국사 연구란 다른 나라의 역사를 '거울'삼아 일본의 역사를 다시 보는 일이다. 하지만 외국사 연구자가 모두 그렇게 생각하며 자신의 연구를 실천하고 있을까? 외국사 연구자가 일본사의 해석이나 관점 그리고 현대 일본과 관련한 문제에 대해 실제로 발언하는 것은 그다지 흔한 일이 아니다. 유감스럽게도 일본에서 사람들의 일상적인 사색에 큰 영향을 주는 것은 외국사 연구자의 저작이 아니라 오히려 소설가가 쓴 문장이다.

외국사 연구의 의미
:

일찍이 전근대 이란의 역사를 연구하고 있었을 무렵 필자는 이란인에 의한 이란 역사 이해와 페르시아어 사료를 읽고 필자가 이해한 이란 고원의 과거 사이에 보이는 차이에 대해 고민한 적이 있다. 그들이 믿는 '자신들의 역사'에 대해 일본인인 내가 그것이 틀리다고 일본어나 영어로 주장해본들 과연 어떠한 의미가 있는지 의문을 품었던 것이다.

20여 년 전 자주 이란을 방문하곤 했을 때 현지 사람들로부터 가장 많이 들었던 말은 "왜 당신은 이란의 역사에 흥미를 갖게 됐는가?"였고, 그 다음은 "이란 역사 가운데 무엇을 연구하는가?"였다. 너무나도 자주 같은 질문이 되풀이되기에 대답하는 것도 귀찮아 "관심이 있었기 때문이고, 무엇을 연구하던 상관없지 않느냐? 왜 일일이 그런 것을 묻는지, 가만 내버려두면 좋겠다."라고 마음속으로 생각했다.

마음씨 좋은 이란 사람들은 외국인인 필자가 자신들의 역사에 관심을 갖고 있는 것만으로 몹시 기뻐했다. 그러나 실제는 외국인이 이란의 역사를 상세히 조사하는 의미를 잘 몰랐던 것은 아닐까? 그것은 '그들의' 역사이고, 외국인의 관여는 아무래도 한정적이고 종속적일 수밖에 없기 때문이다.

일본에서 외국사를 연구하는 사람이 그 나라 연구자와 같은 수준에서 논의하는 것을 목표로 삼는 일은 가능하다. 실제로 서양사나 중국사의 분야에서는 그러한 단계에 도달한 연구자가 상당수 존재한다. 일본국 정부가 관대하게 그러한 사람의 연구를 장려하면 외국사 연구자들은 많은 혜택을 입을 수 있을 것이다. 하지만 현실적으로는 매우 곤란한 일이다. 자국 역사를 연구하는 사람은 아무래도 '우리들의 역사'라는 의식을 가진다. '우리들'의 범주에 들어가지 못하는 일본의 연구자는 과연 그러한 의식과 어떻게 마주할 것인가? 결국 그 나라에 살면서 그 나라 사람이 되어 주로 그 나라 말로 저술 활동을 해야 하는 것은 아닐까?

그렇게까지 하지 않더라도 다른 각도에서 그 나라 연구자가 놓치고 있던지 오해하고 있는 부분을 지적하는 등의 공헌 방법도 있을 것이다. 그러나 이 경우도 일본의 연구자는 그 나라 말로 발언해야 한다. 그리고 그들의 역할은 아무래도 부차적일 수밖에 없을 것이다.

어느 나라의 역사를 논하는 일이 그 나라의 '객관적인 역사'를 구축하기 위해서라는 구실도 존재한다. 그럴 경우 일본어로 논하는 의미도 발견할 수 있다. 그러나 이 작업은 최종적으로 나라마다 서로 다른 역사를 한데 묶어놓은 현행 세계사 이해를 보다 더 객관적인 것으로 만드는 데에 일조할 뿐이다. 지금까지는 이 정도 수준으로 만족할 수 있었다. 그러나 앞으로는 그렇지 않다. 국가라는 틀에 집착하지 않는 세계사를 구상해야 하기 때문이다. 종래와 같은 방법과 시각으로 연구를 계속하면 양식 있는 외국사 연구자는 정체성 위기에 빠질지도 모른다.

새로운 세계사의 매력
:

이에 반해 지구사회의 세계사를 구상하는 일은 외국사 연구자들도 의의를 찾기 쉽다. 왜냐하면 그 작업은 지구사회의 일원이라는 입장에서 과거에 대한 해석과 이해를 제시하는 것이기 때문이다. 이 점에서는 일본인이든 중국인이든 미국인이든 입장은 모두 같다. 역으로 지구사회를 의식한다면 일본인만이 일본의 과거를 특권적으로 논할 수 없게 된다. 일본 열도에 살았던 사람의 역사는 지구시민의 역사의 일부이기 때문이다. 어느 나라의 역사도 마찬가지일 것이다. 이러한 입장에서라면 일본인 연구자가 외국의 역사에 대해 생각하는 일은 충분히 의미가 있다고 할 것이다. 오히려 내셔널 히스토리에 구애받지 않는 만큼 유리한 입장에 있다고도 이야기할 수 있다. 지구사회의 세계사는 외국사 연구자에게 매우 매력적인 테마인 것이다.

새로운 세계사는 아직 확실한 모습으로 존재하지 않는다. 그렇기 때문에 도전하는 보람이 있다. 관심이 있는 모든 사람들과 함께 새로운 세계사를 어떻게 그릴지에 대해 생각해가고 싶다. 그런데 이미 현행 세계사의 틀과 해석에 만족하지 못하고 새로운 세계사를 지향한 연구 성과가 세계 여러 곳에 다수 존재한다. 지구사회의 세계사를 구상함에 앞서 그러한 연구 성과들에 대한 평가가 필요할 것이다. 먼저 지금까지의 중요한 시도를 소개한 뒤 어떤 점을 평가할 수 있고 어떤 점이 문제인지를 살펴보도록 하자. 그리고 그러한 시도 가운데 어느 부분을 어떻게 이용하면 새로운 지구사회의 세계사로 다가갈 수 있는지에 대해서도 생각해보자.

글로벌 히스토리
:

지금까지의 시도에 대한 해설을 시작하기에 앞서 한 가지 짚고 넘어가야할 점이 있다. 그것은 글로벌 히스토리라는 연구 수법과 필자가 생각하는 새로운 세계사와의 관계에 관해서이다.

일본에서는 아직 그 정도는 아니지만 미국을 중심으로 영국이나 오스트레일리아 등의 영어권 국가에서는 최근 글로벌 히스토리 연구라는 수법이 급속하게 힘을 얻고 있다. 일본어 문헌으로는 미즈시마 츠카사(水島司)가 쓴『글로벌 히스토리 입문(グローバル・ヒストリー入門)』(2010년, 山川出版社)이 최신 연구동향을 간명하게 해설한 좋은 책이다. 영미권 연구의 주요 경향과 성과는 미즈시마의 책에 상세하게 소개되어 있기 때문에 여기서는 반복하지 않겠다. 그 책을 참조해 주기 바란다.

글로벌 히스토리라는 말은 여러 장면에서 또 여러 가지 의미로 사용되고 있기 때문에 명확하게 정의하기는 어렵지만, 미즈시마에 의하면 그 특징은 다음의 다섯 가지로 요약할 수 있다.

① 다루는 시간의 길이. 역사를 거시적으로 바라본다.
② 대상이 되는 테마의 폭과 공간의 넓이.
③ 유럽세계의 상대화, 근대 이후의 역사의 상대화.
④ 서로 다른 지역 간의 상호 연관, 영향의 중시.
⑤ 취급하는 대상, 주제의 신선함.

이러한 특징은 필자가 제창하는 지구사회의 세계사와 많은 점에서 중첩된다. 지구 규모로 인류 역사를 파악하려는 점에서 양자는 기본적으로 같은 연구 장르에 속한다고 말해도 좋을 것이다. 실제로 필자는 영어권 연구자들에 의한 글로벌 히스토리 연구의 성과로부터 많은 것을 배우고 있다. 앞으로도 영어권의 글로벌 히스토리 연구와 진지하게 관계를 지속해가야 할 것이다.

그러나 이하에서 몇 가지 구체적인 예를 들어 비판하는 것처럼 글로벌 히스토리 연구의 성과에는 영어권 사람들이 예전부터 가져왔던 세계관이나 역사 인식이 그대로 녹아들어 있어, 그 서술에 고분고분 따를 수 없는 경우가 있다. 구미 연구자들은 비교적 최근까지 유럽과 비유럽의 과거를 역사학과 동양학이라는 별개의 학문적 틀 속에서 논해왔고, 양자를 같은 범주의 연구로 생각하지 않았다. 그런 이유로 일본에서는 이미 상식화되어 있는 유럽사와 비유럽사를 조합하는 발상 자체가 새롭게 여겨지기도 한다. 종래의 유럽사 해석을 유지한 채 아시아와 같은 비유럽의 역사를 끼워 넣으면 그것으로 글로벌 히스토리가 된다고 생각하는 경우도 많은 모양이다.

또 인간의 역사를 지구 규모로 파악하는 것이 아니라, 원래 뿔뿔이 흩어져 있던 세계가 경제적으로 일체화되어가는 과정을 그리는 것을 글로벌 히스토리라고 말하는 사람도 있다. 이것은 필자가 생각하는 새로운 세계사와는 입장이 다르다.

따라서 글로벌 히스토리와 같은 방법을 취하면 무엇이든 새로운 세계사가 된다고 생각하지 말기 바란다. 지구사회의 세계사를 구상하기 위해서는 새로운 세계관과 역사 인식이 필요하다. 그러한 것이 동반되지 않는 글로벌 히스토리는 현행 세계사의 아류에 불과하다.

2. 유럽중심사관을 넘어

두 개의 중심
:

제2장의 마지막 부분에서 이야기한 것처럼 현행 세계사는 세 가지 약점을 갖고 있다. 그것을 극복할 수 있다면 새로운 세계사가 될 것이다. 지금까지 약점을 극복하기 위해서 여러 가지 시도가 있었다. 그것을 크게 나누면 중심성의 배제와 관계성의 발견이라는 두 가지 영역으로 구분할 수 있다. 여기서는 먼저 '중심사관'이란 무엇이며 어떻게 하면 그것을 극복할 수 있는지에 대해 설명하겠다. 그 뒤 중심성의 배제와 관계성의 발견이라는 두 가지 범주에서 지금까지 있었던 주요한 연구를 소개하고 그 의의와 한계를 지적하고자 한다.

먼저 중심사관은 어떤 것이며 어떻게 하면 극복할 수 있는지에 대해 살펴보자. 중심성이란 단어는 약간의 설명이 필요할지도 모르겠다. 엄밀하게 따지면 중심성에는 두 종류가 있기 때문이다. 지구상의 어딘가 특별한 지점에 서서 그곳을 중심으로 세계사를 그리는 의미에서의 중심성과, 어떤 특별한 인간집단이나 지역이 중심이 되어 세계사를 움직였다고 생각하는 따위의 중심성이다. 전자의 예로 일본을 중심에 놓고 세계사를 해석하는 태도를 들 수 있다. 후자의 전형적인 예는 '유럽'이 중심이 되어 세계사를 움직였다고 생각하는 것이다. 전자는 후자를 전제로 하여 성립할 수도 있다. '유럽'이 세계사를 움직이고 있는 것을 인정하면서 일본을 중심에 두고 세계사를 구상하는 일도 가능하기 때문이다. 유럽중심사관이란 유럽을 중심에 놓고(전자) 유럽이 세계사를 리드했다고 생각하는 입장(후자)이다.

세계사를 이해하고 서술하는 데 있어 특히 문제가 되는 것은 후자이다. 이러한 생각에 서게 되면 세계사의 골격을 만드는 일은 지구상의 일부 사람들만의 몫이 되어, 필연적으로 중심과 주변이라는 이분법적 세계관을 받아들이게 되기 때문이다. 지구사회의 세계사는 오늘날의 세계를 일부 사람들만이 아닌 세계 모든 사람들의 활동이 합쳐져서 만들어낸 것이라고 생각한다. 따라서 새로운 세계사는 유럽중심사관은 말할 것도 없고 그 이외의 모든 중심사관으로부터의 탈각을 목표로 하지 않으면 안 된다. 중심을 상정하는 것은 동시에 주변을 상정하는 것이다. 그래서는 이항대립적인 구조를 가진 현행 세계사의 기본적인 관점과 다를 바가 없다.

유럽중심사관

:

오늘날 일본에서 세계사를 생각하는 데 있어 가장 큰 걸림돌은 유럽중심사관이다. 예전부터 문제로 지적되어 왔지만 세계의 역사가 유럽 중심으로 움직여져 왔다는 생각은 좀처럼 고쳐지지 않는다. 어떻게 하면 이 끈질긴 '병'을 극복할 수 있을까? 먼저 이 점부터 생각해보자.

제2장에서 고찰한 내용 중에 이 '병'에 효과적으로 대처할 수 있는 방법을 하나 발견할 수 있다. 개념으로서의 '유럽'과 지리적 공간으로서의 유럽을 확연히 구별하여 과거를 파악하는 것이다.

'정(正)'의 가치를 모두 포함한 개념으로서의 '유럽'의 역사는 지리적 공간으로서의 유럽 각지의 과거를 적당히 끼워 넣어, 그것들을 서로 연결해 마치 '유럽'이 일관된 역사를 가진 양 설명하고 서술하는 것을 특징으로 한다. 그러한 설명이나 서술의 부자연스러움을 명확히 인식하여 개념으로서의 '유럽'의 역사를 비판하고 해체하는 일이 중요하다.

개념으로서의 '유럽'의 역사가 해체된 뒤에는 지리적 공간으로서의 유럽과 그곳에 살았던 사람들의 과거가 남을 것이다. 하지만 그 과거는 유럽이라는 공간 내부만으로 완결될 수 없는 것으로, 유라시아 중앙부나 아프리카 북부 등지에 사는 사람들의 과거와 밀접한 관련을 가지면서 전개되어온 것이다. 게르만민족의 이동은 유라시아 중앙부로부터 시작된 인간의 이동의 일환으로 발생했고, 이동한 게르만민족의 일부는 지브롤터 해협을 건너 북아프리카에 거점을 확보했다. 개념으로서의 '유럽'과 강한 유대관계를 가지는 크리스트교는 지리적 공간으로서의 유럽에서 발생한 종교가 아니다. '유럽'에서 배제된 정치권력인 오스만왕조가 지리적 공간으로서의 유럽 남동부를 몇 백 년에 걸쳐 지배한 것도 명백한 사실이다.

그렇다면 지리적 공간으로서의 유럽에만 한정하여 역사를 이야기하는 것은 거의 의미가 없는 일이다. 이 지역의 과거를 말할 때는 우랄 산맥보다 서쪽의 지괴만을 가리키는 지리적으로 한정된 '유럽'보다, 유라시아대륙 전체를 하나의 지괴로 파악하고 그 서부를 지칭하는 서방유라시아 내지 서부유라시아와 같은 보다 중립적인 말('유라시아'가 '유럽' + '아시아'라는 생각에서 탄생한 '유럽' 기원의 말이라는 점은 여기서 묻지 않는다)을 사용하는 편이 좋다. 개념으로서의 '유럽'에 집착하지 않는다면 손때가 가득 묻은 유럽이란 말을 사용하면서 세계사를 생각할 필요도 없게 될 것이다.

이는 매우 과격한 주장으로 들릴지도 모르겠다. 오해가 없도록 부언하면 나는 '유럽'이란 말을 세계사 서술에서 쓰면 안 된다고 주장하고 있는 것이 아니다. 가치 혹은 개념으로서의 '유럽'이 탄생하여 자신이 그 공간에 귀속하고 있다고 믿는 사람들이 존재했고 또 지금도 존재한다. 그들의 신념과 행동이 지리적 의미의 유럽에 사는 사람들을 포함해서 지구상의 모든 사람들의 생활에 큰 영향을 준 사실은 새로운 세계사에 꼭 명기해야만 할 것이다. 또 만약 서방유라시아와 같은 익숙지 않는 지리 용어를 사용하는 데 저항을 느낀다면 북서유럽, 동유럽 등과 같이 그것이 지리적인 공간이라는 점을 명시하며 '유럽'이라는 말을 사용해도 무방할 것이다.

필자가 비판하는 것은 처음부터 '유럽'이라는 하나의 역사공간을 전제로 하여 그 안에서만 역사를 논하려는 태도와, '유럽'을 세계사 속에서 다른 것과 구별된 실재하는 역사공간으로 파악하는 인식이다. 이러한 태도와 인식이야말로 개념으로서의 '유럽'을 실체화하고 이항대립적인 세계사관을 키워온 원인이다.

유럽연합(EU)에 귀속의식을 가지는 사람이 그 역사를 묘사하는 일은 그들의 권리이고 자유이다. EU의 정치적 기반을 다지기 위해 실제로 EU 공통의 역사교과서가 모색되고 있다. 하지만 그것이 개념으로서의 '유럽'의 새로운 역사가 되지 않도록 세심한 주의를 기울여야 할 것이다.

세계사 교과서의 검증
:

필자가 주장하는 바를 구체적으로 밝히기 위해 종래의 세계사의 문제점을 구체적으로 검증해보자. 개념으로서의 '유럽'과 지리적 공간으로서의 유럽의 역사는 어떻게 뒤얽혀 있을까? 여기서 다시 『상설 세계사B』를 예로 들어보자. 알기 쉬운 예로 제9장 '근대 유럽의 성립' 안에는 다음과 같은 문장이 있다.

"대항해시대의 도래와 함께 세계의 일체화가 시작되었다. 유럽 상업이 세계적으로 확대되어 상품의 종류·거래액이 늘어나고, 유럽의 원격지무역의 중심이 지중해에서 대서양에 면한 나라들로 이동했다(상업혁명). 세계 상업권의 형성은 광대한 해외시장을 개척함으로써 이미 싹트고 있던 자본주의 경제의 발달을 촉구했다. 또 1545년에 발견된 포토시 은산 등 라틴 아메리카의 은산으로부터 대량의 은이 유입되어 유럽의 물가는 2~3배로 상승했다. 이 물가급등은 가격혁명으로 불리는데, 고정지대 수입으로 생활하던 영주는 타격을 입었다.

　서구 국가에서는 상공업이 활발해지는 한편, 엘베 강 이동의 동유럽 지역에서는 서구 국가에 곡물을 수출하기 위해 영주가 수출용 곡물을 생산하는 농장영주제(Gutsherrschaft)가 확대되어 농노에 대한 지배가 오히려 강화되었다. 유럽 동서간의 분업체제의 형성은 그 뒤 동구의 발전에 커다란 영향을 미쳤다."(『詳説世界史B』, 2009년판, 山川出版社, 187쪽)

　'세계'가 아닌 '유럽' 내부의 일이지만, 이 문장은 원격지무역에서의 중심 이동에 대해 이야기하고 있다. 서술의 배경에는 유럽이 다른 지역과 구별되는 하나의 완결된 공간이라는 생각(자기와 남의 구분)이 전제되어 있다. 이 점은 중간 정도에 나오는 "유럽의 물가는 2~3배로 상승했다"라는 문장에서도 알 수 있다. 하지만 잘 생각해보자. 정말 지리적 공간으로서의 유럽 전역에서 사본주의적 발전이 일어나고 물가가 올라 영주들이 타격을 입었을까? 만약 그렇다고 하면 그 다음에서 이야기하는 동유럽과 서유럽 사이의 서로 다른 상황은 왜 발생한 것일까? 문장 전반부에 기술되어 있는 사태가 지리적 공간으로서의 유럽 전역에서 공통적으로 일어난 것이라고는 생각할 수 없다. 자본주의의 발달이나 물가 상승, 영주의 타격 등은 아마도 지리적 유럽의 일부에서만 볼 수 있는 현상이었을 것이다. 이러한 의미에서 위에서 인용한 부분은 지리적 공간으로서의 유럽의 역사가 아니다. 후세의 자본주의적 발달을 설명하기 위해 삽입된 개념으로서의 '유럽'의 역사이다.

　또 하나 주의해야 하는 점은 포토시 은산이 있었던 라틴 아메리카나 '세계 상업'의 일부로서 리스본과 연결되어 있던 아시아의 경제·사회 상황이 여기서는 전혀 다루어지지 않고, 마치 사태가 유럽 내부에서만 발생되고 전개된 것처럼 읽히는 부분이다. 세계 상업권의 형성은 당연히 비유럽 지역과의 긴밀한 관계 위에서 이루어진 것이지만, 여기서 이야기하고 있는 것은 그것이 '유럽'에 미친 영향(자본주의 경제의 발달)뿐이다. 예를 들어 유럽 이외의 지역에서는 물가 변동이 일어나지 않았을까? 영주제도에는 변화가 없었을까? 이 문장을 있는 그대로 읽으면 비유럽은 주체적으로 움직이지 않았고, 오직 유럽만이 역사를 움직여온 것처럼 느껴진다. 이것이 전형적인 유럽중심사관의 서술이다.

교역으로 인해 세계 각지가 서로 연결되었다고 하면 당연히 세계 각지의 경제나 문화적인 현상에도 관련성과 연동성이 생겨났을 것이다. 어딘가를 중심에 놓고 그 부분만을 기술할 것이 아니라 어떤 일의 관련성을 전체적으로 파악하여 지역과 문명권을 넘어 사물이 연쇄적으로 움직이는 모습을 기술한다면 그것은 새로운 세계사에 걸맞은 내용이 될 것이다. 중요한 점은 유럽이라는 틀을 필요로 하는 종래의 개념으로서의 '유럽'사 해석으로부터 우리가 얼마나 자유롭게 되느냐이다.

그러기 위해서는 먼저 지금까지의 유럽사의 통설을 철저하게 재음미하여, ① 그것이 개념으로서의 '유럽'에 관한 것인지 아니면 지리적 유럽과 관련된 사항인지를 구별하고, ② 개념의 '유럽'과 관련된 사항은 원칙적으로 버리고, 지리적 유럽에 관한 것인 경우 그것이 경계를 넘어 주변지역과 어떤 관계에 있었는지를 검증하는 등의 착실하고 성실한 작업이 필요하다.

3. 모든 중심사관을 넘어

이슬라암중심사관
:

중심사관에 입각하여 과거를 이해하는 것이 문제가 되는 것은 '유럽'사만의 일이 아니다. '유럽'과 짝을 이루는 공간개념으로 19세기에 형성된 '이슬라암세계'의 역사도 상황은 마찬가지이다. 현대 일본에서 이해되고 있는 '이슬라암세계'는 그곳에서 일어난 모든 일을 이슬라암교의 특질로서 설명할 수 있는 세계이다. 유럽이 지리적인 틀에 의해 정해져 있는 공간으로서도 상정 가능한 데 비해, 고등학교 세계사 교과서에서 다루는 '이슬라암세계'는 시대에 따라 공간의 넓이가 늘었다 줄었다하여 아무래도 모양새가 좋지 않다. 뿐만 아니라 어떤 지역을 '이슬라암세계'라고 부를지 말지는 지배자가 무슬림인지 아닌지 라고 하는 지극히 단순한 기준에 의해 결정된다. 지배자가 무슬림이면 이슬라암적 통치(그것은 타 지역과 크게 다르다)가 행해질 것이라는 전제하의 지역 설정인 것이다.

이처럼 '이슬라암 or 비이슬라암'이라는 이항대립적인 이해 위에 성립하는 특수한 공간의 역사가 왜 당당하게 세계사 속에 숨어 들어 있는 것일까? 그 이유를 설명하면 이야기가 길어진다. 관심이 있는 독자는 앞에서 소개한 필자의 저작 『이슬라암세계의 창조』를 참조하길 바란다. 어쨌건 새로운 세계사는 자기와 남을 확실하게 구분하는 공간 설정을 필요로 하지 않는다.

만약을 위해 부언하면 EU의 경우와 마찬가지로 이슬라암세계라는 공간 개념에 귀속의식을 가지거나 친근감을 느끼는 사람들이 이슬라암교를 중심에 두고 이슬라암세계의 역사를 그리는 일은 그들의 자유이다. 그러나 '유럽'의 경우처럼 자기와 남을 확연하게 구별하는 '이슬라암세계'라는 개념을 내부에 포함한 채 "세계는 하나"를 표방하는 세계사를 그리려 해도 그것은 애당초부터 불가능한 일이다.

그렇다면 현재 이슬라암세계사로 한 묶음해서 이야기되는 역사 서술은 어떻게 되는가? 대답은 간단하다. '이슬라암세계'라는 틀을 치워버리면 된다. 틀이 존재하기 때문에 그 내부에 이슬라암적 특질이 있고, 그것은 비이슬라암세계와 다르다고들 생각해왔다. 어떤 경우는 이슬라암이야말로 근대를 낳았고 세계사의 중심이었다고 주장한다. 또 어떤 사람은 어느 한 시기 세계의 중심이 바그다드에서 카이로로 옮겨갔다고 설명한다. 이런 것들은 개념적 '유럽'의 담론 구조와 똑같다. 이슬라암세계와 비이슬라암세계를 구별하지 않고, 또 내부만으로 이야기를 완결시키지 않고, 주변 지역과의 연관성과 공통점에 주목하면서 지금까지 이슬라암세계사로 이야기되어온 담론을 재검토하면 될 것이다.

공통성과 관련성의 탐색
:

이슬라암세계에서는 이슬라암법과 아라비아어를 공유하고 있었기 때문에 사람의 이동이 비교적 쉽고 잦았다고 말한다. 그러나 전근대에 사람의 이동이 많았던 것은 비단 이슬라암세계만의 현상이 아니었다. 유대교도나 아르메니아 교회의 신도들도 빈번하게 긴 거리를 이동했고, 소그드인은 유라시아대륙 중앙의 실크로드를

왕래했다. 그러한 이야기는 무슬림 이외의 이동도 함께 고려하여 재검토될 필요가 있다.

최근의 많은 연구는 이슬라암교가 퍼진 지역은 어디서나 사회를 규율하는 법으로 이슬라암법을 도입했는데 이것이야말로 이슬라암세계라는 개념의 유효성을 증명하는 것이라고 주장한다. 이슬라암세계라는 개념을 적극적으로 사용하려는 입장에서는 그렇게도 말할 수 있고, 그 자체로 올바른 의견이라고도 할 수 있다. 이슬라암세계사를 기술하는 입장에서는 그 점을 강조하는 편이 유효할 것이다.

그러나 지구사회의 세계사에서 이슬라암법의 특수성을 강조하는 것은 오히려 마이너스이다. 첫째, 지배자가 무슬림인 사회라 할지라도 이슬라암법과 직접 관계가 없는 관습법적인 성격을 가진 군주의 법이나 결정이 중요한 역할을 하는 경우가 많았다. 이슬라암법이 사회의 모든 것을 규율했다고 말하는 것은 잘못된 생각이다. 이슬라암법의 '조문'은 대부분 신도가 지켜야할 계율과 바른 생활을 위한 지침으로 이루어져 있다. 이러한 '법'의 존재는 이슬라암교 외에도 크리스트교, 유대교, 불교, 유교 등 거의 대부분의 '종교'에서 볼 수 있는 현상이다. 이슬라암교와 이슬라암법만이 특수하다고는 할 수 없다. 새로운 세계사는 종교 간의 차이를 인정한 위에서 공통점을 강조하는 것이다.

이슬라암세계의 '중심'인 서아시아의 역사는 다른 지역과의 비교나 관련성의 관점에서 볼 때 아직 모르는 부분이 많다. 예를 몇개 들어보자. 앞에서 말한 것처럼 유럽 어디선가에서 물가가 두세 배로 뛰어오르고 영주의 권력이 동요하던 무렵, 지중해나 희망봉을 경유해 경제적으로 유럽 여러 지역과 밀접한 관계를 맺고 있었던 서아시아는 어느 정도 그 영향을 받았을까? 서아시아에서 가족이나 남녀의 사회적 역할 분담은 어떠했을까? 다른 지역과의 공통점과 차이점은?

다른 곳에서 논한 바 있지만 이란고원의 정치권력은 국제교역에서 '자국민'이자 이슬라암교도인 이란계와 터키계 상인들보다도 오히려 '다른 나라 국민'이자 크리스트교도인 영국과 네덜란드의 동인도회사를 우대했다. 왜일까? 오스만제국이 유럽 국가들에게 부여한 외국인거류협정(capitulation, 통상·거주의 자유, 영사재판권 등과 같은 시혜적으로 인정받은 특권−역자)도 같은 생각에서 비롯한 것이 아닐까? 이처럼 기존의 연구가 갖는 문제점이나 앞으로 밝혀야할 점은 얼마든지 존재한다.

몇 번이나 반복하지만 중요한 것은 이슬라암세계라는 공간적 구속을 일단 제거하고 공통점과 관련성의 관점에서 유라시아의 과거를 전체적으로 재고하는 일이다. 유라시아 중앙에 있는 서아시아의 역사는 인간사회 전체의 관련성에 주목하는 세계사를 구상하는 데 있어 특히 중요한 위치에 있다.

중국중심사관
:

오늘날의 국가나 지역의 기원을 시간을 거슬러 올라가서 찾으려 하면 '중심사관'에 빠지기 쉽다. 중국에 관해서도 마찬가지이다. 중국사에서는 한나라나 당나라와 같은 거대한 왕조국가가 성립한 시기는 통일 시대로, 그 외는 분열의 시대로 간주한다. 이러한 생각에는 처음부터 광대한 중국대륙은 정치적으로 통일되어야 마땅하다는 가치판단이 내재되어 있다. 청조 후기 그리고 근현대 중국의 모습을 과거에 투영시켜 '중국'은 반드시 과거에도 존재했다고 생각하기 때문에 그러한 이해가 발생하는 것이다. 그러나 교통이나 통신 상황이 현대와 비교할 수 없는 전근대 시대에 지리적 넓이가 유럽 전체와 바를 바 없는 공간이 정치적으로 통일되었다고 한다면 오히려 그 편이 예외적인 사태라고 해야 하지 않을까?

건조하고 보리농사를 주로 하는 북중국과 습기가 많고 쌀농사를 주로 하는 남중국은 환경과 인간의 거주조건이 매우 달랐다. 이러한 차이는 화중(華中), 화남(華南)과 같은 연안지역과 북서쪽의 황하 상류 내륙지역 사이에서도 볼 수 있다. 물론 중요한 왕조국가는 연면히 이어지는 이례와 제도를 갖고 있어, 그것은 왕조가 바뀌어도 원칙적으로 계승되어갔다. 앞 왕조의 역사를 기술하는 것이 다음 왕조의 책임이었다는 점을 보더라도 적어도 왕조 차원에서 역사의 연속성은 부정할 수 없다. 그러나 그러한 것은 왕조에 강한 귀속의식을 가진 사람이 쓴 역사서의 기술을 그대로 받아들여 왕조 중심의 정치사를 중요시하는 과거의 생각일 뿐이다. 왕조사의 문맥에서 자유롭게 되면 중국대륙의 역사는 현재 우리가 알고 있는 내용과 상당히 다른 것이 되지 않을까?

중국사가 가지는 또 하나의 문제점은 한민족(漢民族) 중심사관이다. 그것은 한민족이라고 하는 인간집단이 먼 옛날부터 존재하고, 중국사는 한민족의 역사로서 전개해 왔다는 생각이다. 이 관점에 서게 되면 예를 들어 몽고인이 세운 원나라나 만주인을 중심으로 만들어진 청나라는 '정복 왕조'가 되는 셈이다. 그러나 같은 정치권력이 통치한다 하더라도 전근대에 언어가 지방마다 달랐던 '중국' 사람들에게 얼마나 동류의식이 있었는지는 다시 검토해봐야 할 문제가 아닐까?

'화(華)'와 '이(夷)'의 구분에 대해서는 중국뿐만 아니라 중국의 문화적 영향을 받은 한반도나 일본 열도의 지식인들 사이에서도 많은 논의가 있었지만, 그것은 기본적으로 지금 우리가 문제 삼고 있는 유럽중심사관과 같은 구조를 가진 세계관이다. 유럽의 경우와 마찬가지로 새로운 세계사는 그러한 생각을 가진 사람들이 존재했고 또 실제로 정치의 움직임에 영향을 준 사실을 기술해야겠지만, 생각 그 자체를 따라 중국사를 이야기하는 일은 피해야 한다.

이상과 같이 중국 대륙의 과거는 중국, 왕조, 한민족이라는 세 개의 요소에 의해 얽매여온 것처럼 보인다. 유럽의 경우처럼 중국과 그 주변의 과거에 대해 이야기할 때도 지리적 용어로서 중국이라는 술어를 가능한 사용하지 않고, 동방유라시아와 같은 보다 중립적인 표현을 사용하는 편이 좋다. 동방유라시아의 역사를 연구하는 사람은 일단 중국, 왕조, 한민족이라는 전통적인 역사서술의 틀을 제거한 뒤 주변 지역과의 관련성에 주목하여 다시 한 번 이 지역의 과거사를 재고해보면 어떨까?

한편 최근에는 중국 중심의 역사 인식을 중앙유라시아로부터 다시 재고하자는 주장이 큰 힘을 얻고 있다. 중국사에서 '북방 민족'이라고 불리는, 자주 야만족 취급을 받는 중앙유라시아 유목민의 과거를 중국사적 해석에서 해방시키는 일은 중요하다. 어느 지역이나 인간집단의 역사를 지금까지 시도된 바 없는 관점에서 다시 살펴보면 또 다른 역사 이해가 생겨나는 일이 자주 있기 때문이다.

하지만 역으로 중앙유라시아를 세계사의 중심에 두고 중앙유라시아가 세계사를 만들었다고 주장해서는 곤란하다. 어렵게 제안한 세계사 기술 방법이 소용없게 되기 때문이다. 중앙유라시아의 유목민이 사람, 물자, 정보를 유라시아 각지로 전하는 데 중요한 역할을 담당한 것은 사실이다. 그렇다고 해서 그들이 세계사의 중심에 있었다고 생각하는 것은 중심성의 배제를 지향하는 지구사회의 세계사의 입장과는 전혀 다르다.

일본중심사관
:

미나미즈카 신고(南塚信吾)는 『세계사는 필요 없다?(世界史なんていらない?)』(2007년, 岩波書店)라는 자극적인 제목의 책에서, 오늘날 일본인이 안고 있는 '현대의 문제'가 지역적으로도 시간적으로도 일본이라는 틀을 넘어 점점 더 세계적인 문제로 되어가고 있는 이상, 역사적 사고 또한 세계사적 규모로 길러져야 한다고 지적했다. 그리고 이러한 문제에 대응하기 위해서는 세계사 속에 일본사를 포함시킨 '세계사' 혹은 일본사 속에 세계사를 널리 포함한 '세계사'가 필요하다고 주장했다.

필자는 방향성에 있어서 미나미즈카의 의견에 동의한다. 그러나 '일본사'라는 말로 우리가 머리에 떠올리는 것은 지리적인 경계는 반드시 일정하지 않지만 태고부터 일본 열도에 존재했던 사람들의 과거를 다른 지리적 공간의 과거와 분리시켜 하나의 기다란

'대통(筒)' 속에 넣어 해석하고 서술한 일국사이다. 만약 그러한 일본사를 인정한다면 한국사, 중국사, 프랑스사 등도 세계사 속에서 인정해야 할 것이다. 그래서는 현행 세계사의 구조와 아무런 차이가 없게 된다.

기다란 '대통'과 같은 일본사는 공통의 과거를 가진 일본인이라는 아이덴티티를 강화하는 데 중요한 역할을 담당한다. 일본사가 없어지면 일본에 대한 귀속의식을 약화시키는 방향으로 작용할 것이다. 그런 의미에서 필자는 일본이라는 나라가 존재하는 한 지금의 일본사라는 틀을 유지해도 좋다고 생각한다. 물론 그것은 완전한 일국사가 될 수 없는 것으로, 주변 지역의 과거를 고려하여 재고할 여지는 충분히 있을 것이다. 그러나 시점을 일본 열도에 두고, 주로 일본인을 위해 쓰인 일본사가 있어도 무방하다. 편협한 내셔널리즘을 낳기 위해서가 아니라 복합적인 귀속의식 중의 하나로서 '일본'을 의식하게끔 하는 일본사이다. 일본이라는 나라가 존재하기 때문에 우리는 적어도 앞으로 당분간은 일본인임과 동시에 지구시민이라는 사실을 양립시키면서 살아가야 한다.

한편 지구시민으로서의 아이덴티티를 획득하기 위한 새로운 세계사는 그 안에 특별히 '일본사'를 필요로 하지 않는다. 물론 새로운 세계사에서도 일본이나 일본인에 관해서 충분히 언급될 것이다. 그러나 그것은 대통 안에 들어 있는 '일본사'와는 다른 시점에서 쓰인 것이다. 일본사와 새로운 세계사는 양립시켜야 한다.

예를 들어 나가사키 현민(縣民)과 일본 국민이라는 두 개의 아이덴티티는 양립하고, 나가사키 현사(縣史)와 일본사는 양립하고 있다. 일본사 속에 나가사키 현의 역사가 다른 것과 구별되어 대통처럼 끼어 있는 것이 아니다. 때때로 언급될 뿐이다. 일본사와 새로운 세계사의 관계도 이와 비슷한 것이라고 생각하면 될 것이다.

4. 중심과 주변

세계체제론

:

세계사에서 중심성을 배제하려는 생각은 1980년대부터 현대에 이르기까지 일본의 세계사 이해에 커다란 양향을 준 이매뉴얼 월러스틴(Immanuel Wallerstein)의 세계체제론이 전개하는 논의와 정면으로 대립한다. 이 문제에 대해 생각해보자.

먼저 논점을 명확히 하기 위해 세계체제론의 요점을 정리해두자. 17세기 무렵이 되면 '유럽'인의 활동으로 인해 유럽과 남북아메리카대륙을 포섭하는 단일 경제권이 형성되기에 이른다. 그때까지 없었던 이 경제구조를 '근대세계체제'라고 부른다. 체제 안에 포함된 각 지역은 경제적으로 자립적 존재가 될 수 없었고, 체제 전체의 상품생산 분업체제에 의해 상품을 생산하게 되었다. 체제 내부는 중핵, 반주변, 주변으로 분리되어, 일부 지역이 '중핵'으로서 다른 지역에 대한 경제적 패권을 행사했다. 17세기는 네덜란드가 중핵이었고, 다음으로 18세기 후반에서 19세기에 걸쳐서는 영국이, 그리고 20세기는 미합중국이 그 지위를 차지했다. 기계화로 인해 생산력이 증가한 중핵 지역에서는 고도의 공업 제품이 생산되었고, 주변으로부터 원료, 식량 등이 중심으로 공급되었다. 그 결과 중핵이 주변을 착취하는 구조가 고정화되어 중핵 지역에 부가 축적되는 한편 주변의 빈곤화가 진행되었다. 이전 사회와 근본적으로 다른 것은 이 체제가 문화적으로도 정치적으로도 통일되어 있지 않고, 체제의 통일성을 담보하는 논리가 자본주의라는 경제 형태라는 점이다.

요약하면 지리적 유럽의 일부에서 발생한 세계체제가 지구상의 다른 지역을 차례로 삼켜가 드디어 지구 전체를 뒤덮게 되었다는 것이 이론의 요점이다. 그리고 이 체제는 내부의 자본주의 분업체제와 정치적·문화적 불균형을 중요한 특징으로 한다.

이것은 아주 잘 만들어진 그리고 강력한 영향력을 지닌 이론이다. 현실적으로 현대 세계는 정치적·문화적으로 통일되어 있지 않으면서도 경제적으로는 일체적인 것으로 파악될 수 있는 것처럼 보인다. 세계체제론은 통합된 경제가 생겨나는 경위와 지역에 따라 빈부차가 발생하는 원인을 어느 정도 설득력 있게 설명하고 있는 것처럼 보인다. 그러나 다음 두 가지 점에서 세계체제론은 지구사회의 세계사라고 말할 수 없다.

첫째, 이 관점이 유럽중심사관에 한없이 가깝다는 점이다. 세계체제론의 세계사 인식은 오늘날의 글로벌한 세계체제를 16세기 유럽에서 형성된 체제의 확대연장이라고 본다. 그러나 애초에 '세계체제'라는 것이 생겨나 그것이 주변을 집어삼키면서 확대해갔다고 설명해버리면 세계체제만이 능동적으로 활동했고 주변은 단지 수동적으로 반응한 것에 지나지 않는 것처럼 이해되기 마련이다. 한쪽은 자신의 의지에 따라 움직이고 다른 한쪽은 자신의 의지를 갖지 못한 채 다른 한쪽의 움직임에 포섭되는 구도이다. 유럽중심사관은 '유럽'이 움직여 역사를 만들고, '비유럽'은 역사가 없다고 생각한다. 과거를 바라보는 데 있어 양자 간에 공통점이 보이는 것은 명백하다.

또 하나는 중핵과 주변이라는 생각이 중심성을 배제하려는 새로운 세계사의 지향과 대치한다는 점이다. 이미 몇 번이나 지적했지만 현행 세계사는 그것이 정치적이든 경제적이든 혹은 문화적이든 세계 어딘가에 중심을 두고 이야기를 전개하려는 경향을 갖고 있다. 그런 의미에서 세계체제론은 현행 세계사와 똑같은 특징을 가진 이론이라고 할 수 있을 것이다.

중심은 필요 없다
:

도대체 세계는 왜 반드시 중심을 필요로 하는 것일까? 현대 세계에서 부가 편재되어 있는 것은 사실이다. 정치력이나 군사력에서도 커다란 격차가 존재한다. 예를 들어 미합중국과 아프리카의 앙골라를 비교해보면 정치나 경제에 있어서 두 나라의 영향력 차이는 너무나 분명하다. 하지만 그렇다고 해서 미국이 세계의 중심이고 앙골라는 주변이라고 단정하는 것이 우리가 현재 취해야할 태도일까? 미국과 앙골라의 차이를 강조하는 식의 이해는 두 나라에 살고 있는 사람들이 지구에 대한 귀속의식을 키워나가는 데 방해가 될 것이다.

"세계는 하나"라는 세계 인식의 강화를 지향하는 새로운 세계사는 그러한 생각에서 벗어나야만 한다. 세계의 움직임은 연동하고 있다. 자본주의라고 부를 수 있는 현상이 설사 최초로 지리적 유럽의 일부에서 발생했다 하더라도 그것은 그 지역 사람들의 활동만으로 생겨난 것이 아니다. 세계 여러 사람들의 다양한 움직임이 서로 관련성을 갖고 공명한 결과, 지구상의 어느 특정한 장소에서 자본주의가 만들어졌고, 다른 장소에는 또 다른 현상(예를 들면 한 상품의 집중적인 생산이나 많은 사람들의 이동)이 나타났다고 봐야 할 것이다. 실태는 하나이지만 어디에 주목하느냐에 따라 표정이 달리 보이는 것이다. 예를 들자면 아수라상(阿修羅像)이나 11면 관음상(11面觀音像)과 같은 원리이다.

　현재 지구상의 많은 지역에서 자본주의적 사고가 사람들의 경제활동의 기본이 되어 있는 것은 사실이다. 지금까지는 이러한 현상을 19세기 이후 구미에 의해 주어지거나 강제된 것으로 해석해왔다. 그러나 관점을 달리하면 구미 자본주의의 이점에 눈뜬 사람들이 각 지역에 존재하던 비슷한 제도에 이리저리 수정을 가했거나, 자신들의 의지에 따라 자본주의를 자신들의 사회에 맞는 스타일로 바꾸어 도입했다고도 이야기할 수 있지 않을까? 실제로 같은 '자본주의'라는 말을 사용하기는 하지만 현대 세계에서 경제적 행위의 실태는 매우 다양하다. 세계체제론이 말하는 것처럼 '비유럽'이 단순히 자본주의를 통해 '유럽'의 일부를 중심으로 하는 세계＝경제에 포섭되어 갔다는 생각은 너무나도 일방적인 해석이다.

　필자는 세계의 과거를 서술하는 데 있어 특별히 어느 한곳을 중심으로 설정할 필요가 없다고 생각한다. 경제사적 관점에 서게 되면 일체적 경제를 움직이고 있는 것이 어디의 누구인지 신경이 쓰일 것이다. 그러나 경제가 사람들의 모든 생활의 근본이고 경제에 주목하면 세계사의 동향을 통일적·법칙적으로 설명할 수 있다는 입장을 취하지 않는다면 경제사적 관점에서 바라본 '중심'에 대한 논의는 그다지 커다란 의미가 없게 될 것이다.

만약 '중심'에 관해 이야기한다면 특히 전근대의 종교적·정신적 세계관에서의 중심이야말로 사람들에게 중요하고 절실한 의미를 가질 것이다. 서방유라시아의 크리스트교도는 예루살렘을 세계의 중심이라고 생각했다. 경건한 무슬림은 메카를 세계의 중심으로 생각했을 것이다. 중화제국이 황제의 수도를 세계의 중심으로 파악하고 있었던 점도 널리 알려져 있다. 세계 각지의 사람들은 경제적으로 느슨하게 연결되어 있으면서 각자의 세계관과 중심의식(서로 다르지만 동시에 '중심'을 의식하는 점에서는 같다)을 갖고 살고 있었다는 것이 사람들의 생활감각에 더 가까운 이미지가 아닐까 생각한다.

주변에서 보다
　：

"중심성을 배제"하려는 생각과 표리일체의 관계에 있는 것이 "주변에서" 보는 방법이다. 이는 현행 세계사에 보이는 중심사관의 '중심'이 아니라, 주변의 지점에서 전체 역사를 다시 바라보려는 시도이다. '주변'에서 바라봄으로써 중심사관에 의한 서술의 모순과 오류를 드러내기 위해서이다. 유럽중심주의적 역사관에 이의를 제기하는 역사학자들이 이슬람세계, 아시아, 아프리카 등과 같은 지역을 중심에 놓고 유럽중심사관을 비판하는 시도가 그 좋은 예이다. 이러한 시도는 특히 1970년대부터 활발하게 전개되었는데, 그중에서도 특히 이슬람세계사 연구자들, 구체적으로 이타가키

유조(板垣雄三), 미키 와타루(三木亘), 고토 아키라(後藤明) 등에 의한 이슬람세계를 중심에 둔 세계사 해석은 매우 강력한 것이어서 유럽중심사관에 입각한 역사 해석의 허구를 밝히는 데 상당히 효과적이었다.

같은 시도가 중국중심사관에 대해서도 있다. 중앙유라시아로부터 중국사를 다시 파악하려는 오카다 히데히로(岡田英弘)와 스기야마 마사아키(杉山正明) 등의 접근 방법은 그 대표적인 예이다. 현대중국을 대표하는 인문학자 중의 한 명인 거자오광(葛兆光)이 원장으로 있는 상하이의 푸단대학(復旦大學)의 문사연구원(文史研究院)은 네 개의 연구 주제 가운데 하나로 "주변에서 중국을 보다"라는 테마를 설정하고 있다. 중국인 학자 스스로가 중국이라는 개념이 가진 중심성을 재검토하고 있는 점은 주목할 필요가 있다.

이러한 시도에 의해 '중심사관'이 재고되고 상대화되면 그것은 원칙적으로 환영할만한 일이다. 하지만 주의해야 할 점은 주변에서 중심을 보는 방법이 역으로 주변을 중심으로 하는 세계사를 구상할 위험성을 내포하고 있다는 사실이다. 예를 들어 글로벌 히스토리 연구의 대표적 논자 중의 한사람인 안드레 군더 프랑크(Andre Gunder Frank)는 그의 저작 『리오리엔트(ReOrient)』에서 유럽중심사관을 공격하여 현대에 이르기까지 오랜 인류 역사 가운데 세계경제의 중심은 언제나 아시아에 있었고 유럽이 우위에 선 것은 19세기 이후의 짧은 기간에 불과하다고 말했다. 프랑크는 주변이라고 여겨지던 아시아의 시대가 곧이어 다시 도래할 것을 논증하여 세계의 독자들에게 강렬한 인상을 심어주었다. '아시아'인의 자의식을 고무시켜 쾌재를 부르게 하는 내용이지만, 독자라면 누구나

유럽중심주의를 비판하는 나머지 서술이 지나치게 아시아에 호의
적이라고 느낄 것이다. 일종의 아시아중심주의이다.

주변에서 중심을 보는 방법은 기존의 역사관에 대한 비판으로
서 활용될 수 있지만 그 자체만으로는 새로운 세계사를 구축하기
어렵다. "주변에서 보다"라는 의식 자체는 중심사관을 뒤집은 것이
기도 하다. 앞으로 주변에서 바라본 역사상과 중심에서 바라본 역
사상을 같이 포함시켜 중심도 주변도 없는 세계사 인식을 창조해
가야 한다.

젠더와 서발턴
:

역사 서술에서 중심성을 배제하는 일은 '유럽'과 같은 개념적
인 의미의 중심을 거부하는 것에 그치지 않는다. 19세기부터 20세
기 전반에 걸쳐 역사 연구자의 관심이 국민국가, 백인 성인 남성,
정치사에 지나치게 편중된 것에 대한 비판과 반성에서, 프랑스의
아날학파 연구자를 중심으로 여성과 아이들, 디아스포라(이산공동
체) 등 국민국가의 틀에서 떨어져 나온 여러 '주변'적 요소에 초점
을 맞춘 연구가 활발하게 이루어져 왔다. 1980년대 일본에서 활발
했던 사회사연구도 이런 동향과 관계가 있었을 것이다. 또 젠더에
초점을 맞춘 최근의 역사 연구도 남성을 서술의 중심에 놓고 인구
의 반을 차지하는 여성에 대해 눈을 감고 있는 기존의 역사 해석과
서술에 대한 반항으로서 크게 주목받고 있다.

하지만 여성에만 초점을 맞춰 세계사를 이야기하면 그것은 반
대 의미의 중심사관에 빠질 수 있다. 여성사라는 독자의 연구 분야

가 존재하는 것은 문제가 되지 않지만 새로운 세계사와의 관계에서 말하자면, 여성에 주목하여 과거를 재고함으로써 남성 중심으로 그려진 통설을 수정하고 남녀의 사회적 역할과 위치를 잘 이해할 수 있는 서술이 되도록 노력해야 할 것이다.

　　역사 이해에서 주변에 주목하는 움직임의 일환으로서 여기서는 1980년대에 남아시아사 연구 분야에서 제창되어 그 뒤 세계적으로 유명하게 된 서발턴이라는 인간집단에 주목하는 방법에 대해 소개하도록 하자. 1980년대에 이 방법을 채용한 사람들은 종래의 남인도사 연구가 식민지 지배자 측에서의 이해와 서술에 지나지 않고, 서발턴(이 경우는 식민지화된 땅의 사람들, 그런 의미에서의 '하층' 사람들) 측으로부터의 접근이 충분하지 못했다고 비판했다. 소리를 갖지 못한 사람들을 주체로 하여 역사를 바라보는 일의 중요성을 호소한 것이다.

　　그 후 이러한 착상은 라틴 아메리카연구 등으로 옮겨가 큰 조류를 이루는 한편, 가야트리 스피박(Gayatri Spivak)처럼 서양 근대지(近代知)에 입각하여 세계와 인간을 이해하는 방법 그 자체가 갖는 자의성을 비판하는 연구자도 생겨나게 되었다. 그녀는 서발턴이라는 인간집단이 서양 근대지에 의해 만들어졌고, 서양 근대지의 작법에 따라 이야기될 때 비로소 그들을 이해할 수 있고, 또한 그들이 스스로를 말할 수 있는 수단을 갖고 있지 않는 점 등을 주장했다. 서발턴을 이야기하는 행위 그 자체가 자기에게 유리하게 세계를 해석하는 서양 근대지가 가진 '권력'이라는 것이다.

　　역사학자는 남겨진 사료를 근거로 과거를 해석하고 이해하여 그것을 자신의 말로 이야기한다. 스피박의 말에 따르면 이 행위는 서발턴에 대해서 뿐만 아니라 비서발턴이나 과거에 사료를 기록한 사람 모두에 대해 권력적이라고 할 수 있을 것이다. 스피박이 역사학의 방법을 직접 비판한 것은 아니지만 역사학자는 그녀의 비판에 대해 충분히 자각적이어야 할 것이다.

단 그렇다고 해서 역사학의 존재 그 자체를 부정하는 데까지 이야기를 진행시킬 필요는 없다고 생각한다. 인간이 과거에 대해 알고 싶은 욕구를 가지는 한 어떤 종류의 방법을 통해 과거에 접근하는 것은 바람직한 일이다. 지금으로서는 역사학적 수법이 그 욕구에 대답하는 가장 유력한 수단이다. 문제는 그것을 어떻게 사용하는가이다. 역사학자는 자신의 연구와 서술의 의미와 결과가 각 방면에 미치는 영향을 충분히 자각한 위에서 지금보다 더 사료를 신중하게 사용하여 과기에 집근해야 할 것이다. 중심성을 배제하는 새로운 세계사의 구상은 좋은 실험장이 될 것이다.

환경사의 가능성
:

환경이라는 요소는 19세기 이래 근대역사학의 연구 대상에서 보면 틀림없이 오랫동안 주변에 위치해 있었다. 정치사, 사회경제사, 문화사 등의 연구에서 환경이란 요소에 대한 배려는 최근까지 충분하지 않았다. 농업, 임업, 광업 등의 생산물을 포함한 넓은 의미에서의 자원을 둘러싼 투쟁은 예전부터 세계 각지에서 발생했지만 그것은 주로 정치사나 군사사의 문맥에서 해석되었고, 환경이라는 시점에서 이루어진 분석은 20여 년 전까지는 거의 없었다. 역병이나 기후변화에 언급하는 경우는 있었지만 역사를 크게 좌우한 요인으로까지 인식하지는 않았다.

그러나 오늘날 환경이 지구 차원에서 문제가 되고, 인간과 지구 환경이 어떤 관계를 맺으며 살아가야할 지에 대한 논의가 심각해지자, 당연하게도 과거에 있어서의 인간과 환경의 관계에 대한 관심도 늘어났다. 이 경우 '환경'이란 환경파괴와 같이 인간과 환경이 직접 관계되는 테마뿐만 아니라 토지 이용이나 인구 동태, 개발 등 다양한 주제에 걸쳐있다.

새삼 확인할 필요도 없지만 인간의 역사에서 환경이 준 영향은 매우 중대하다. 예를 들면 정확한 통계는 없지만 14세기 중엽에 크게 유행한 페스트로 말미암아 유라시아대륙 인구의 3분의 1 정도가 줄어들었다고 한다. 서방유라시아에서는 다수의 농민이 사망한 관계로 농지를 경작할 일손이 없어져 영주는 노동력 확보를 위해 농민의 요구를 수용할 수밖에 없었다. 이것이 '봉건제도'라고 불리는 사회적 질서가 붕괴하는 계기가 되었다.

15세기 말에서 16세기에 걸쳐 스페인인이 남북아메리카에 진출하면서 그들과 함께 유라시아대륙의 병원균이 대서양을 건너갔다. 결과적으로 면역력이 없었던 남북아메리카 대륙 주민 사이에서 많은 전염병이 맹위를 떨치게 되었다. 천연두, 티푸스, 인플루엔자 등이 그것이다. 일설에 의하면 콜럼버스가 '대륙'을 발견하기 이전의 인구 가운데 95퍼센트가 그로 인해 사망했다고 한다. 아메리카 선주민은 스페인과 싸우기 이전에 병원균과의 싸움에서 진 것이다.

이러한 예에서 보듯이 환경은 틀림없이 세계사를 움직이는 커다란 요인 가운데 하나였다. 최근 일부 역사학자들이 여기에 주목한 덕분에 환경사 연구는 급속하게 활발해졌다.

미국의 의학자 재레드 다이아몬드(Jared Diamond)의 저작 『총, 균, 쇠(*Guns, Germs, and Steel*)』(원저는 1997년 출판)는 환경사 분야의 걸출한 업적일 뿐만 아니라 읽을거리로서도 매우 뛰어난 작품이다. 왜 남북아메리카 사람이 유라시아로 가지 않고 유라시아 사람이 남북아메리카로 건너가 그곳을 정복했는가라는, 지역이나 국가에 틀어박힌 역사학자는 도저히 상상도 하지 못할 장대한 문제를 설정한 뒤, 그것을 풀어내기 위해 전개하는 다채로운 논의는 할 말을 잃을 정도로 흥미롭다. 필자가 늦게나마 환경사의 중요함을 의식하게 된 것은 2000년대가 되어서 이 책의 일본어판(2000년, 草思社)을 읽고 나서부터였다. 환경사의 다양한 가능성은 이 책에 의해 명확하게 제시되어있다. 나이아본드가 실행한 것처럼 생리학이나 생물지리학을 비롯한 이과계의 연구 성과를 참조하면서 그 분야의 연구자들과 공동연구를 추진하면 참신하고 의미 있는 성과가 반드시 나타날 것이다.

그런데 최근 필자는 『총, 균, 쇠』를 다시 읽으며 이 훌륭한 책에도 하나의 중대한 결함이 있음을 발견했다. 다이아몬드는 인류의 과거를 이야기하면서 현행 세계사가 사용하고 있는 인간집단이나 역사공간의 이름을 무비판적으로 그대로 받아들이고 있다. '유럽'이나 '유럽'인은 그 대표적인 예이다. 그는 또 지리적 공간의 유럽과 개념의 '유럽'을 전혀 구별하지 않는다. 다이아몬드가 생각하는 세계사의 흐름은 지구상에 몇 개의 인간집단이 있어 그들이 같은 목표를 향해 경쟁하면서 달리고 있는 모습이다. 그는 이렇게 말한다. "만약 B.C. 8500년 ~ A.D. 1450년에 살았던 어떤 역사학자가 미래의 역사적 궤적들을 예측했다면, 틀림없이 유럽이야말로 장차 우세해질 가능성이 가장 적은 지역이라고 판단했을 것이다. 왜냐하면 그 10,000년쯤 되는 기간 중 대부분의 기간 동안 유럽은 구세계의 세 대륙 중에서 가장 낙후된 곳이었기 때문이다."(여기서의 인용은 한국어판 『총, 균, 쇠』(김진준 옮김, 1998년, 문학사상사) 598쪽-역자) 그리고 그는 마지막으로 다음과 같은 의문을 제기한다. "왜 중국은 그토록 낙후되어 있던 유럽에게 기술의 선도자 위치를 빼앗겼을까?"(602쪽)

여기서 다이아몬드가 피력하는 세계사 인식은 일본의 현행 세계사 이해와 기본적으로 같다. 역사의 진보, 서로 다른 몇 개의 문화권의 존재, 그 가운데에서의 유럽의 선진성 등등. 그의 작품에는 현행 세계사 해석의 핵심 부분이 그대로 보존되어 있다. 환경이라는 새로운 요소에 주목하여 종래의 세계사가 언급하지 않았던 많은 사실을 밝힌 점에서 다이아몬드의 책은 출중하다. 그러나 안타깝게도 그것은 아직 새로운 세계사로 가는 도중에 불과하다.

역사 연구에서 주변이라고 할 수 있는 환경사적 접근법은 지금까지 역사 연구의 중심이었던 정치·경제·사회·문화사 분야의 상식을 재고하고 새로운 테마를 발굴하는 데 매우 유효한 방법론이다. 그러나 환경사는 인간과 환경의 관계에 주목하는 것인 만큼 지구상의 인간을 어떻게 집단적으로 구분할 것인지에 대해 신중하게 검토할 필요가 있다. 정치나 에스니시티(언어나 풍속과 같은 민족성)를 중시하여 중국인, 스페인인과 같이 처음부터 국민국가의 국적으로 그룹화한다거나, 유럽인, 이슬람교도처럼 이를테면 문화권별로 단순하게 구분하는 일은 지양하는 편이 좋다. 그러한 것은 일종의 문화환원주의로, 그 방향으로 가게 되면 "유럽인은 환경과 이렇게 접해왔다"라는 식의 단순논법에 빠지기 십상이기 때문이다. 커다란 겨냥도는 물론 필요하지만 참조할 수 있는 데이터 수가 한정되어 있는 이 분야에서는 먼저 착실한 개별 연구를 쌓아가는 일이 중요하다.

5. 관계성과 상관성의 발견

유라시아의 광역 교류
:

현행 세계사를 넘어 새로운 세계사로 나아가는 두 번째 방법은 인간집단 사이의 공통점에 착목하여 집단 간의 관계성과 상관성을 중시하는 서술이 되도록 명심하는 일이다. 자기와 남을 나누고 문명, 지역세계, 국민국가 등을 구분하여 역사를 그리는 일은 종래의 세계사가 가진 큰 문제점 중의 하나였다. 분명히 지구상의 여러 국가나 지역은 나름의 독자적 특징을 갖고 있다. 지금까지의 세계사는 이러한 특징을 강조하고 상호 간의 차이를 중시했다. 이에 비해 새로운 세계사는 반복해서 이야기해온 것처럼 차이를 차이로서 인정하면서도 서로 다른 인간집단의 특징 사이에 보이는 공통점을 발견하는 일을 중시한다. 그러기 위해서는 비교라는 수법을 현명하게 활용할 필요가 있다. 또 세계 전체가 다양한 측면에서 관계를 맺으며 서로 연결되어 있다는 사실을 드러내는 글쓰기를 궁리해야 할 것이다.

유럽중심사관의 경향이 농후한 현행 세계사 해석에 의하면 15세기 말 이후 '유럽'인이 지구 각지로 진출함에 따라 그때까지 뿔뿔이 흩어져 있던 세계가 일체화되었다고 한다. '유럽'인의 진출로 말미암아 유럽을 중심으로 한 지구 규모의 경제적 네트워크가 편성되어 갔다고 생각하기 때문이다. 유럽중심사관과 친화성이 강한 세계체제론도 세계 = 경제가 북서유럽에 모습을 드러내는 것을 대략 16세기경으로 상정하고 있다. 남북아메리카와 유라시아·아프리카가 사람의 이동으로 인해 서로 연결되었다는 의미에서는 16세기가 커다란 전기인 것은 틀림없는 사실이다. 하지만 다시금 생각해보면 15세기 이전에 유라시아·아프리카 사람들은 정말 각 지역별로 혹은 문화권별로 뿔뿔이 흩어져 살고 있었을까?

　　물론 세계 각지의 생산물이나 발명품 가운데 오랜 기간 동안 다른 장소로 전해지지 않는 것도 많이 있다. 예를 들어 의복, 식료, 건축 자재나 양식과 같은 생활에 필수적인 요소가 그렇다. 이러한 것은 간단히 다른 지역으로 퍼져나가지 않는다. 장소에 따라 기후, 풍토, 식생이 달라, 인간의 생활양식이 일정 정도 그에 대응해야만 하기 때문이다. 의식주와 같은 인간생활의 가장 기본적인 부분이 서로 달랐기 때문에 지구상 각지에 특색 있는 문화가 꽃폈다고도 말할 수 있다. 그런 의미에서는 세계는 문화권마다 제각각이다. 세계의 많은 사람들이 티셔츠와 청바지를 입고 피자와 스시를 먹게 된 것은 인간이 에너지의 힘으로 자연을 어느 정도 컨트롤할 수 있게 된 20세기 후반 이후, 즉 불과 최근의 현상이다.

　　하지만 생각해보면 지금의 인류는 모두 약 20만 년 전 동아프리카에서 살았던 한 여성의 자손이 아니던가? 그 자손 중의 한 무리가 아프리카를 나와 유라시아, 오세아니아, 남북아메리카에 정착하게 된 것이다. 그런 의미에서 인류는 원래 따로따로가 아니었다. 재레드 다이아몬드에 의하면 농경 기술이 어느 한 장소에서 '발명'되자 그것은 같은 위도에 있는 다른 지역으로 매우 빠른 속도로 번져나갔다고 한다. 문자는 주변 지역뿐만 아니라 꽤 멀리까지 전해졌고, 각지에서 개량이 가해져 사용되었다.

서아시아에서 발생한 크리스트교과 이슬라암교는 유라시아대륙 대부분의 지역으로 전파되었고, 남아시아에서 탄생한 불교는 유라시아 동단의 일본 열도에까지 도달했다. 동아시아에서 발명된 종이, 나침반, 화약은 유라시아 서쪽 끝으로 전해져 활용되었다. 실크로드나 바다의 길을 통해 서·중앙아시아의 많은 사람들이 동아시아로 이동했는데, 7~9세기 낭나라 시대에는 장안(長安)이나 광저우(廣州)에 그들의 거류지가 있었다. 비록 사치품을 중심으로 한 것이지만 이러한 네트워크를 통해 오래전부터 유라시아 각지의 물건들이 다른 지역으로 옮겨갔다.

15세기 이전에 있었던 유라시아 규모의 광역적 교류의 예는 그 외에도 숱하게 존재한다. 이러한 상황이 16세기 이후 극적으로 변화한 것은 아니다. 바뀐 점은 서유럽 사람들이 희망봉을 넘어 직접 아시아의 바다로 진출하게 된 것뿐이다. 서유럽 사람들에게는 (즉 유럽중심사관의 입장에서는) 틀림없이 획기적인 사건이었지만 유라시아 광역 교류라는 시점에서 보면 상황이 근본적으로 변화했다고는 볼 수 없다. 과거의 세계가 뿔뿔이 흩어져 있었는지 아닌지는 과거를 어떻게 파악하느냐에 따라 달라지는 우리들의 자세의 문제이다.

물건의 세계사

:

지구상에서 광역적인 상업·경제활동이 오래전부터 행해져온 것은 틀림없는 사실이다. 오랫동안 비단, 상아, 고급 향신료, 귀금속 등과 같은 사치품이 교역의 주된 상품이었지만, 18세기경부터는 북서유럽 사람들의 활발한 교역 활동과 그들에 의한 플랜테이션 농업의 발달로 인해 차, 커피, 설탕, 견직물과 같은 일상적인 물품(이런 것들도 처음에는 사치품이었지만)의 교역량이 증가했다. 이러한 상품의 생산은 그 뒤 세계 각지에서 분업화되기에 이른다. 이들 상품에 주목하여 생산, 교환, 소비의 양상을 살펴보면 그 상품을 통해 세계 사람들의 활동과 생활이 연결되어 있었다는 사실을 효과적으로 이야기할 수 있을 것이다. 지금까지 이러한 방법을 원용하여 참신하고 구체적이며 또 알기 쉬운 세계사를 그려낸 작품도 많다. 예를 들어 가와키타 미노루(川北稔)의 『설탕의 세계사(砂糖の世界史)』(1996년, 岩波書店)는 자주 언급되는 대표적 명저이다. 그 외에도 커피, 차, 감자, 은 등을 다룬 많은 작품이 있다.

단 이런 방법에 의한 서술은 종래의 유럽중심사관에 입각한 역사 해석을 그대로 유지한 채로도 가능하다는 점에 주의해야 한다. 예를 들어 『설탕의 세계사』는 유럽이나 유럽인이라는 말을 거의 아무런 전제 없이 사용하고 있다. 15세기 이전의 유럽인은 크리스트교도를 의미하고, 콜럼부스 시대의 유럽인은 스페인인과 포르투갈인을 가리키고, 18세기 이후가 되면 영국을 비롯하여 프랑스와 아메리카에 관한 서술이 중심이 된다. 개념으로서의 '유럽'의 존재를 전제로 한 역사 해석과 서술이다.

물건의 생산·유통·소비를 종래의 세계사 해석 위에 포개 놓으면 참신한 인상을 준다. 하지만 다이아몬드의 환경사 저작의 경우와 마찬가지로 그것만으로 새로운 세계사가 되는 것은 아니다. 일본어뿐만 아니라 외국어로 된 작품을 포함해서 지금까지 발표된 많은 물건의 역사는 거의 대부분 이런 종류의 작품이다.

일본에는 스기하라 가오루(杉原薫), 하마시타 다케시(浜下武志)를 비롯하여 아시아 역내 무역과 경제 상황에 관한 뛰어난 연구 성과를 발표하며 국제적으로 활약하고 있는 연구자가 몇 명 있다. 19세기부터 20세기에 걸친 '아시아' 지역 간 무역의 의의와 중요성을 증명한 점에서 그들의 업적은 높이 평가되어야 할 것이다. 그러나 그들의 저작은 새로운 세계사의 데이터로서는 유효하지만 완성된 새로운 세계사의 단계에 이르렀다고는 볼 수 없다.

왜냐하면 그러한 연구들은 종래의 세계사 인식의 틀에 따라 '유럽'의 대립항으로서 '아시아'를 상정하여 주로 그 공간 내에서의 경제 활동만을 상세하게 분석하고 있기 때문이다. '유럽'으로 향하는 돈, 물건, 사람의 흐름은 '유럽'으로 향하는 그 시점에서 저자들의 관심과 시야 밖으로 사라져버린다. 그러나 실제로는 '아시아'와 '유럽'이 각각 따로 존재하여, 두 공간에서의 경제 활동이 독립적으로 행해지고 있었던 것은 아니다. 새로운 세계사에서는 '유럽'의 경제 활동과 '아시아'의 경제 활동을 분리해서 생각하지 않고, 양자를 연동하는 일체적인 것으로 파악하여 그 전체를 분석할 필요가 있다. 데이터나 방대한 연구 축적의 검증, 그리고 '유럽'사의 상식 등 많은 어려움이 있지만 이 분야에서 일본의 연구자는 세계를 리드할 수 있는 절호의 위치에 있다. 크게 기대하는 바이다.

해역세계사의 가능성

:

역사 서술에서 '해역세계'라는 술어가 최근 자주 사용되기 시작해 고등학교 세계사 교과서에까지 채용되기에 이르렀다. 영어의 maritime world 혹은 thalassic world에 대응하는 개념이다. 일반적으로 해역세계란 바다를 중심에 놓고 그 주변의 육지를 포함하는 하나의 공간을 의미한다. 육지를 중심으로 역사를 구상하면 바다는 거의 시야에 들어오지 않지만, 해역세계를 설정하면 바다야말로 시야의 중심이 된다. 바다와 주변 육지를 하나로 묶어 그 공간 내에서의 사람, 물건, 정보의 움직임과 상호 관련성에 주목하여 역사를 묘사하면 육지를 주된 영역으로 하는 국가 간의 국경선이 절대적인 경계가 아니라는 사실을 알 수 있다. 사람, 물건, 정보가 국가와 국가의 경계를 넘어 역동적으로 연동하고 있는 모습이 드러나기 때문이다. 이처럼 해역세계라는 틀로 역사를 생각하는 일은 국민국가와 국경을 자명한 전제로 하여 그 지리적 틀에 의거해서 과거를 이해하는 태도를 상대화하는 작업으로 연결된다. 이런 의미에서 해역세계라고 하는 방법론은 새로운 세계사로 나아가는 방향성을 지니고 있다.

해역세계라는 발상은 프랑스의 역사학자 페르낭 브로델(Fernand Braudel)의 저작 『펠리페 2세 시대의 지중해와 지중해세계(*La Méditerranée et le Monde Méditerranéen a l'époque de Philippe II*)』에서 비롯한 것이다. 그는 지중해를 한가운데 놓고 바다와 그 주변의 역사를 전체적으로 파악하여 서술하려 했다. 또 역사를 이해하는 데 있어 '지리적 시간(환경과 인간의 관계의 역사)', '사회적 시간(다양한 인간집단의 역사)', '개인의 시간(일어난 일의 역사)'이라는 세 가지의 다른 시간의 흐름을 의식할 필요가 있다고 주장했다. 그리고 지중해와 주변의 자연지리나 환경이 그 지역의 역사 전개에 미친 영향을 강조하며 그것을 장기적으로 지속하는 구조로 파악했다. 1949년에 출판된 이 책은 인류의 과거를 국민국가의 틀로 이해하는 것을 당연시했던 당시의 역사학계에 충격을 주었고 그 뒤의 역사 연구에 커다란 영향을 미쳤다.

　바다를 중심에 두는 역사 이해 방법은 그 뒤 인도양, 동남아시아, 동·남중국해에도 응용되어 많은 성과를 올리고 있다. 일본의 역사학계에서도 '지중해(해역)세계'는 말할 것도 없고 '대서양(해역)세계', '인도양(해역)세계'와 같은 공간을 설정하여 역사를 논하는 수법은 이미 널리 시민권을 획득한 상태이다. 예를 들어 두 번에 걸쳐 간행되어 일본의 세계사 인식에 큰 영향을 준 『이와나미강좌 세계역사(岩波講座 世界歷史)』는 1990년대 후반의 제2기 강좌에서 인도양세계나 대서양세계와 같은 역사 연구의 틀을 사용하고 있다. 그리고 2005년도부터 2009년도까지 5년에 걸쳐 전개된 대형 공동연구 '동아시아의 해역 교류와 일본 전통문화의 형성(東アジアの海域交流と日本伝統文化の形成)'(연구대표자는 고지마 츠요시(小島毅) 도쿄대학 조교수)은 '동아시아해역'이라는 장을 설정하여 종합적인 역사 파악을 시도했다. 해역세계라는 개념을 사용함으로써 새로운 세계사로 향하는 길은 이미 상당 정도 개척되고 있다.

‘해역세계’ 개념의 약점
:

그러나 필자가 보기에 해역세계라는 개념도 새로운 세계사를 구상하는 데 있어 무시할 수 없는 약점을 가지고 있다. 그것은 이 개념이 지리적으로 닫힌 또 다른 틀 내지 공간을 역사 연구에 새롭게 가져들어올 위험성을 안고 있다는 점이다. 더 상세히 설명하면 이렇다. 해역세계라는 개념은 일반적으로 지중해나 인도양과 같은 구체적인 바다와 주변 육지를 포함하는 지리적 공간을 가리킨다. 하나의 해역세계를 상정하기 위한 전제로서 그 공간 속에 다른 것과 구별이 가능한 공통적 특징이 있거나, 공간 내에서 일어나는 일에 무언가 관련성을 발견할 수 있어야 할 것이다.

이는 틀림없이 국민국가의 국경을 뛰어넘어 보다 넓은 공간의 역사적 현상의 공통점과 관련성을 발견하려는 시도로서, 국민국가사적 역사 이해의 한계를 지적하기 위해서는 매우 유효한 공간 설정이다. 그러나 ‘A세계’라는 말을 사용할 경우 그 공간이 ‘B세계’나 ‘C세계’와 구별되는 어떤 종류의 특징과 통합성을 가지고 있다고 상정하거나 이해하는 것이 일반적이다. ‘이슬람세계’나 ‘유럽(세계)’를 상기해보면 그 점은 쉽게 이해할 수 있을 것이다. 해역세계의 경우도 사정은 다르지 않다. 실제로 쵸두리(K. N. Chaudhuri)나 야지마 히코이치(家島彦一)와 같은 해역세계사 연구의 대가들은 ‘인도양 해역세계’를 ‘지중해 해역세계’와 다른 특징을 가진 공간으로 설정하여 역사를 논하고 있다. 이 두 해역세계는 서로 ‘다른!’ 것이다. 국민국가라는 닫힌 틀로 역사를 이해하고 서술하는 것을 비판하기 위한 개념이었던 해역세계가 기구하게도 국민국가의 영역보다 넓다고는 하지만 또 다른 닫힌 공간을 새롭게 만들어낸 셈이다. 일종의 역설이다.

새로운 세계사 서술을 실현하기 위해서 우리는 이 문제를 해결해야만 한다. 생각해보면 바다를 중심에 두고 공간을 상정할 때 무엇을 특징이나 관련성으로 삼는가에 따라 통합적으로 파악되는 공간의 범위는 달라지고, 주변 육지를 얼마나 포함할지도 달라지는 것을 알 수 있다. 이것이 문제 해결의 열쇠이다.

예를 들어 일본 열도, 한반도 그리고 중국대륙에 둘러싸인 동중국해를 중심에 둔 공간을 상정하여 설명해보자. 일찍이 이 바다에서는 정크선이 자주 사용되었다. 배가 항해하는 범위를 하나의 공간으로 설정할 수 있을 것이다. 같은 식으로 견직물, 고려인삼, 은과 같은 동중국해와 그 주변에서 거래되던 상품의 유통 범위도 공간으로 생각할 수 있다. 그 외에 바다를 건너 선종(禪宗)이 유포된 범위, 마조(馬祖, 항해의 신) 신앙이 퍼진 범위 등도 하나의 공간이다. 간장을 먹는 공간, 젓가락을 사용하는 공간 등도 상정할 수 있을 것이다. 어떤 정치사회(청조, 에도막부 등)의 변용이 바다를 건너 다른 정치사회에 영향을 미친 범위, 크리스트교를 금지한 공간, 한자로 의사소통이 가능한 공간 등등, 공간을 상정하기 위한 요소는 얼마든지 있다. 동중국해를 중앙에 놓고 보면 이러한 공간들은 모두 같은 바다 위에 널려져 있지만 주변 부분이 어디에 위치하는지는 공간에 따라 각자 다르다.

그렇다면 지리적 바다 위에 다양한 가상공간(컴퓨터 그래픽에서 사용되는 레이어(layer)와 같은 것이라고 생각하면 된다)이 층을 이루어 여러 개가 중첩되어 있는 총체를 '해역세계'라고 부르면 어떨까? 레이어의 크기와 넓이는 일정하지 않다. 예를 들어 18세기에 정크선이 항해한 범위(대략 동중국해와 남중국해)와 크리스트교를 금지한 공간(일본, 조선, 청조)은 당연히 일치하지 않는다. 따라서 해역세계의 주변 부분의 경계는 확실하지 않다. 한 장의 레이어가 끝도 없이 지구 전체로 확대해가는 경우도 있을 것이다. 은 유통이라는 레이어가 그 예이다. 당연한 일이지만 서로 다른 해역세계가 어느 한 지리적 장소에서 중층적으로 겹쳐지는 경우도 자주 발생한다. 예를 들어 클로브(clove)의 산지인 말루쿠 제도는 지중해, 인도양, 동중국해와 같은 많은 해역세계로 둘러싸여있다.

이처럼 해역세계를 지리적 경계가 정해져 있지 않는 공간으로 파악할 때 비로소 해역세계사는 '닫힌 일정한 공간의 시계열사'라는 국민국가사적 역사 서술의 제약으로부터 해방될 수 있을 것이다.

물론 이런 방법을 사용해도 다음과 같은 비판은 있을 수 있다. "경계가 분명하지 않다고 해도 복수의 해역세계를 상정한다면 각 해역세계의 역사는 서로 다를 것이며, 그 점에서 차이를 강조하는 종래의 세계사 이해와 다를 바 없다"라는 의견이다. 하지만 필자는, 세계 전체를 몇 개의 지리적 해역세계로 나누는 것이 아니라 (달리 표현하면 해역세계라는 조각을 몇 개 합치면 세계라는 하나의 지그소 퍼즐이 완성되는 것이 아니라), 복수의 해역세계가 서로 중첩적으로 존재하여 그러한 것들이 결국 세계사를 형성하고 있다, 다시 말해 각 해역세계는 독립적인 존재가 아니라고 대답함으로써 그 비판에 대응할 수 있다고 생각한다. 해역세계사의 가능성은 각 해역세계를 연구하고 서술하는 사람이 해역세계를 완결되고 폐쇄된 공간이 아니라 언제나 밖을 향해 열려있는 공간으로 상상할 수 있는지에 달려있다.

중요한 것은 종래의 고정적인 역사 인식을 일단 백지상태로 되돌려보는 자세이다. 우리는 지금까지 일본이나 중국과 같은 '국가'를 중심으로 한 일국사적 역사관에 지나치게 익숙해왔다. 현실적으로 국가가 존재하기 때문에 이런 관점이 필요 없다고는 말할 수 없다. 그러나 그러한 생각이 절대적인 것도 아니다. 국민국가사를 긁어모은 것이 세계사가 아니다. 새로운 세계사를 구상하기 위해서는 국민국가사를 상대화하는 과거 인식이 반드시 필요하다. 이런 의미에서 해역세계라는 실험장을 설정하는 일은 충분히 의의가 있다.

제4장 | **새로운 세계사의 구상**

1. 새로운 세계사를 위하여

공동연구의 성과
  :

새로운 세계사는 '결정판'을 필요로 하지 않는다. 사람들이 세계는 하나라는 사실을 이해하고 자신이 그곳에 소속하고 있다는 지구시민 의식을 가질 수 있는 역사 서술이라면 그것은 모두 새로운 세계사이다. 따라서 우리들이 지금부터 구상하는 세계사는 눈을 번쩍 뜨게 하는 화려함이 없어도 상관없다. 제3장에서 제시한 몇 가지 제안을 구체화시켜 새로운 세계사 서술을 조금씩 늘여 가면 그것으로 족하다. 그러한 것이 사람들 눈에 띄어 여기저기서 화제가 되고 관심을 갖고 읽는 사람이 많아지면 사람들의 역사 인식은 서서히 바뀌어져나갈 것이다. 현재 필자가 제안할 수 있는 것은 여기까지이다.

그렇다고 이 정도에서 책을 끝내서는 안 될 것이다. 지금까지 선학들의 귀중한 연구 성과를 실컷 비판해 놓고서 자신의 구체적인 생각을 이야기하지 않고 모른 채 할 수는 없다. 그래서 이하에서는 앞으로 필자가 새로운 세계사를 집필한다면 어떤 구상하에서 어떤 시도를 할 것인지에 대해 개략적으로 제시해보고자 한다. 아직 미숙한 구상 단계에 지나지 않는다. 이를 보다 더 설득력 있고 매력적인 것으로 승화시키기 위해서는 앞으로 많은 조사와 논증이 뒷받침되어야 할 것이다.

학자라면 보통 본 시합 전의 연습에 해당하는 이 단계의 구상을 공표하지 않을 것이다. 필자 또한 가능하다면 좀 더 구상을 다듬고 싶었다. 하지만 새로운 세계사에 관한 논의가 가능한 빨리 일어나도록 하기 위해 아직 완전하다고 할 수 없는 구상을 감히 제시하기로 마음먹었다. 새로운 세계사를 둘러싼 논의가 더욱 활성화되어 세계사와 지구시민 의식에 대해 관심을 갖고 생각하는 사람이 한 명이라도 더 많이 생겨나기를 바란다.

세계사를 어떻게 파악할 것인가? 이런 큰 문제는 한 사람이 노력하는 것보다 관심을 가진 사람들끼리 모여 지혜를 짜내는 편이 유리하다. 필자는 일본학술진흥회로부터 과학연구비 보조금을 받아 2009년부터 '유라시아의 근대와 새로운 세계사 서술(ユーラシアの近代と新しい世界史叙述)'이라는 제목의 공동연구를 추진하고 있다. 상세한 점은 공동연구의 웹사이트를 참조해주기 바란다(http://haneda.ioc.u-tokyo.ac.jp/eurasia/). 제3장에서 이야기한 두 가지 방법에 관한 생각이나 앞으로 피력할 제안은 이 공동연구에 참가하고 있는 의욕적인 연구자들과의 논의에서 많은 힌트를 얻은 것이다. 물론 최종적인 책임은 필자에게 있지만 이하의 생각은 그들과의 공동작업의 중간보고이기도 하다는 점을 명기해 두고자 한다. 먼저 세계사를 어떤 언어로 기술할 것인가라는 문제와 세계사

는 복수로 존재할 수 있다는 점에 대한 필자의 생각을 말한 뒤 구체적인 세계사 구상을 논하도록 하자.

세계사를 기술하는 언어
:

지구사회의 세계사를 어떤 말로 서술할 것인가? 세계사를 이야기할 때 피할 수 없는 이 문제는 꽤 골치가 아프다. 그러나 필자는 최근 확신을 갖게 되었다. 세계 사람들이 "이것은 우리의 세계사이다"라고 느낄 수 있는 내용이라면 언어는 무엇이 되든 상관없다. 이것이 필자의 생각이다. 영어로 자유자재로 표현할 수 있는 일본인은 그리 많지 않다. 또 영어로 씌어 있는 세계사를 그대로 읽고 그 내용을 완전히 이해할 수 있는 일본인의 수도 한정되어 있다. 따라서 일본인 연구자는 먼저 일본어로 새로운 세계사를 구상하고 일본어로 발표하는 편이 좋을 것이다. 이와 마찬가지로 중국어나 아라비아어로 된 세계사도 당연히 존재할 것이다.

단 서로 내용을 모르는 채 또는 전혀 다른 내용을 가진 세계사가 여러 가지 언어로 기술된다면 그것은 커다란 문제이다. 다른 언어로 세계사를 집필하더라도 서로가 서로의 세계사에 대해 알고, 내용이나 기본적인 입장이 가능한 근접한 것이 되도록 노력해야 한다. 따라서 각 나라말로 쓰인 세계사를 참조하고 이해하기 위해서는 번역이라는 작업이 필수적이다. 문제는 이 점에 있다.

세계의 모든 언어는 어휘와 표현에서 많은 공통점이 있지만, 각자 독자의 의미와 가치 체계를 갖고 있다. 현대 세계에서 공통어가 되어가고 있는 영어도 마찬가지이다. 영어는 영어를 모어로 하는 사람들의 세계관과 가치관을 쉽게 표현할 수 있는 단어와 구조를 갖고 있다. 그렇기 때문에 다른 단어와 구조를 가진 일본어 문장을 영어의 문맥이나 의미, 가치 체계에 맞추려 하면 원래의 의미가 변하든지 전달이 잘 되지 않는 경우가 많다. 일본어 텍스트의 의미를 있는 그대로 영어로 치환하는 일은 생각보다 쉬운 작업이 아니다.

예를 들어 '세계사'라는 단어를 생각해보자. 이 단어가 각 언어의 의미와 가치 체계 속에서 차지하는 위치는 서로 다르다. 일본에서 '세계사'는 고등학교나 대학 수험과 연결되어 있는 관계로 많은 사람들의 머리 안에 나름의 이미지를 갖고 있다. 하지만 프랑스에서 이 개념은 상당히 특수한 것으로, 사람들을 정확하게 이해시키는 데는 설명이 필요할 것이다. 한편 영어에서 일본어의 '세계사'에 해당하는 말은 world history와 global history 두 종류가 있다. 당연히 두 가지 모두 일본어의 의미와 딱 맞아떨어지지 않는다.

또 한 가지 예를 들어보자. 일본사나 중국사의 경우 통시대적으로 사용되어 거의 자명한 존재인 '국가'라는 개념은 영어로 어떻게 표현할 수 있을까? state, nation, country는 물론이고 kingdom, empire, dynasty 등으로 번역해야 할 경우도 있다. 어떤 때는 government가 될 경우도 있을 것이다. 일본어 '국가'를 어떻게 표현하는지에 따라 내용은 상당히 달라질 것이다. 이런 것을 두고 일본어의 '국가'는 개념적으로 미분화된 상태라고 비판할지도 모른다. 그러나 역으로 이야기하면 영어에는 일본어 '국가'에 해당하는 단어나 개념이 없는 것이다.

‘국가’의 경우와는 반대로 한 영어 단어에 복수의 일본어 단어가 대응하는 경우도 있다. ‘Ｉ’ 외에 일인칭단수 대명사가 없는 영어에 비해 일본어에는 다양한 일인칭이 있어 상황에 따라 구분해서 사용하는 것이 그 예이다. 이처럼 일본어와 영어는 서로 일대일로 대응하지 않는 경우가 자주 있다. 따라서 어느 한쪽의 언어의 어휘와 표현력이 다른 것에 비해 떨어진다고 생각할 필요는 없다. 새삼 확인할 필요도 없는 일이지만 영어와 일본어는 의미와 가치 체계 그리고 그것과 연동하는 표현 방법이 매우 다른 것이다.

영어를 단련시키다

:

각 언어는 서로 다른 가치와 의미 세계를 갖고 있기 때문에 번역은 불가능하다, 따라서 세계사는 각국어로 따로따로 기술할 수밖에 없다고 정색해본들 의미가 없다. 어떻게든 노력해서 서로 의미가 통할 수 있도록 번역을 계속하는 것 외에 달리 방도가 없다. 영어가 능통한 사람이라면 영어가 국제어인 만큼 처음부터 영어로 쓰면 될 것 아니냐고 반문할지도 모른다. 하지만 필자는 이 생각에 동의할 수 없다. 왜냐하면 처음부터 영어로 기술하는 행위는 현 단계에서의 영어의 의미와 가치 체계를 받아들이고 그 틀 속에서 논의가 진행되기 마련이기 때문이다. 지금의 영어는 여전히 영어를 모어로 하는 사람들의 언어로, 진정한 의미의 국제어가 아니다. 우리는 일본어의 의미와 가치를 가능한 정확하게 영어로 옮겨 영어를 진화시켜가야 한다.

매우 골치 아픈 일로 여겨지겠지만 먼저 일본어의 체계와 그 속에서의 술어나 개념의 의미와 위치(일본어의 구조)를 영어로 이해할 수 있도록 설명한 뒤, 개개의 영어 단어에 새로운 의미를 담거나 새로운 영어 단어를 창조하는 방향으로 노력을 계속하는 것 외에 방법이 없을 것이다.

추상적으로 설명하면 알기 어려울지 모르겠다. 구체적인 예를 하나 들자. 종교나 세속이라는 일본어 단어는 메이지시대 이후 영어의 religion과 secular라는 단어의 의미로 사용되어 왔다. 이 두 영어 단어의 배경에는 당시의 크리스트교 세계의 상황과 역사 해석이 포함되어 있었다. 그러나 같은 시기 일본의 국내 상황과 역사는 크리스트교 세계와 사뭇 다른 것이었다. 그럼에도 불구하고 일본어에 그러한 개념이 도입되어, '종교', '세속'이라는 번역어가 정착되고 일본어의 가치와 의미 체계 속에서 일정한 위치를 차지하게 되었다. 오늘날 일본에서는 개념이 존재하지도 않았던 메이지시대 이전의 이야기를 할 때도 두 단어를 사용하여 말할 경우가 많다. 당연히 원래의 영어 체계 속에서의 두 단어의 의미와 일본어 체계 속에서의 두 단어의 의미는 미묘하게 차이가 난다.

현대 일본어에서의 종교와 세속의 의미를 영어로 설명한 뒤 그 의미 내용을 영어의 religion과 secular에 담거나, 그것이 불가능하다면 그에 대응하는 새로운 영어 단어를 창조하는 것이다. 그것도 힘들면 적어도 일본 열도의 과거를 이야기할 때 사용하는 종교나 세속이라는 말은 현대 영어에서의 의미와 동일하지 않다는 사실을 영어를 상용어로 하는 사람들이 이해하게끔 만들어야 한다. 두 언어 체계 간의 상호 이해를 위해서는 주요한 개념이나 술어에 대해 이런 작업을 참을성 있게 지속할 수밖에 없다.

물론 이것은 영어와 일본어 사이에서만의 일이 아니다. 중국어나 아라비아어 등 비유럽 언어와 영어 사이에서도, 프랑스어나 독일어와 같은 유럽의 언어와 영어 사이에서도 같은 작업을 해나가야 한다. 이러한 작업을 통해 표현력과 어휘력이 늘어난 영어는 그제야 진정한 의미의 국제어로 거듭날 수 있을 것이다.

비대칭의 패러독스

:

필자가 영어를 단련시킬 것을 주장하는 이유는 세계의 언어 상황에 하나의 흥미로운 패러독스가 존재한다고 생각하기 때문이다. 영어를 포함해서 유럽의 여러 언어의 의미와 가치 체계는 세부의 차이는 있지만 그 전체를 '서양 근대지'라고 바꿔 말해도 좋을 것이다. 이 서양 근대지를 평하여 인류학자 타랄 아사드(Talal Asad)는 '권력'이라고 말한다. '권력'이란 예를 들어 다른 언어와 지적 체계에 속하는 현대 사우디아라비아의 정치와 종교의 관계를 서양 근대지의 생각과 이해 방식에 입각하여 비근대적이라고 단죄하는 따위의 행위이다.

19세기 후반부터 20세기 전반에 걸쳐서는 서양 근대지가 인류의 보편적인 지이고, 인류는 모두 이를 배우고 따라야 한다고 생각했던 적도 있다. 그러나 오늘날 어느 한 특정 공간(개념으로서의 '유럽' 혹은 서양)에 자신이 귀속하고 있다고 믿는 사람들의 세계관을 배경으로 하여 형성된 서양 근대지가 일정한 한계를 지닌다는 사실은 학계의 상식이다. 처음 들으면 놀랄 법도 한 아사드의 논의도 그런 의미에서 지극히 상식적인 생각이다.

필자가 보기에 현대 영어는 표현, 어휘, 사고 방법 등에서 아직 서양 근대지의 틀 속에 머물고 있는, 기본적으로 영어를 모어로 하는 사람들의 언어이다. 한편 일본어를 비롯한 여러 비유럽의 언어는 19세기 이래 유럽의 여러 언어가 만들어낸 근대지를 이해하고 그것을 내부에 포함시킨 위에서 그 의미와 가치 체계를 구축해 왔다. 또 '비유럽'의 사람들은 '유럽'적 관점과는 다른 각도에서 자신들의 사회와 역사를 이해하려는 노력을 성실하게 쌓아왔다. 그 결과 일단 서양 근대지의 권위와 보편성이 흔들리고 지구상의 언어 체계가 가치적으로 병렬하는 시대가 되어보니, 얄궂게도 비유럽의 언어 쪽이 유럽의 언어보다 더 풍요롭고 다양한 의미 내용을 갖고 있었다고 말할 수 있는 것이 아닐까?

　　그렇기 때문에 이번에는 비유럽 언어들의 의미와 가치 체계에 관한 구체적인 정보를 가능한 많이 영어로 옮겨 새로운 가치와 의미 체계를 구축해 가도록 노력해야 한다. 이 작업은 원래 양자의 가치나 의미 체계가 동일하지 않기 때문에 매우 곤란한 일이 될 것이다. 그러나 일찍이 서양 근대지가 '비유럽'에 영향을 주어 그 사회와 언어의 의미나 가치 체계를 변용시킨 점을 상기하면 그것은 불가능한 일이 아니다. 다양한 '비유럽' 언어들의 의미와 가치 체계에 관한 정보를 내부에 포함하면서 그것을 '유럽' 혹은 '서양' 고유의 문맥에서 이야기하지 않게 될 때 영어는 비로소 국제어가 되는 것이다.

　　물론 이것은 이상론이다. 그렇게 간단히 모든 언어의 표현이나 의미를 영어로 표현해낼 수 있을 리 없다. 또 표현이나 의미의 수가 지나치게 많아지면 영어가 불편해질 수도 있다. 그래도 만에 하나 영어가 정말 그러한 언어로 변신한다면 일본어는 없어지게 될 것이다. 우리는 그것을 각오하더라도 영어로 발신하는 작업을 시도해야 한다. 영어는 비즈니스의 세계뿐만 아니라 학술의 세계에서도 커다란 영향력을 가지게 되었다. 그럼에도 불구하고 영어에 서양 근대지의 세계관이 아직 남아 있다고 한다면, 그것을 하나하나 지적하여 영어를 진정한 국제어로 단련시켜 나가는 일은 진지한 연구자라면 반드시 해야만 하는 작업이다.

다양한 세계사
:

새로운 세계사를 이야기할 때 언어의 문제와 함께 또 하나 중요한 문제에 대해 논해두자. 그것은 궁극적인 새로운 세계사는 존재하는가, 달리 표현하면 새로운 세계사는 오직 하나뿐인가라는 문제이다. 필자는 그렇지 않다고 생각한다. 새로운 세계사를 구상할 때 중요한 것은 과거를 회고하는 태도이다. 세계는 하나라는 입장이 새로운 세계사 서술의 전제이다. 이 점만 공유한다면 어떤 방법으로 과거에 다가가든 어떤 언어로 기술하든 그것은 새로운 세계사이다.

일본사에서조차 해석이나 묘사하는 방법에 있어 다양한 의견이 존재한다. 극단적으로 이야기하면 공통적인 것은 일본과 일본인이라는 틀을 전제로 하고 있다는 점뿐이라고 해도 좋을 정도이다. 하물며 세계사에서 '이것 말고 없다'는 식의 유일한 세계사를 상정하는 일은 불가능하다. '세계'를 틀로 하여 여러 가지 새로운 접근을 시도하면서 세계사를 실제로 구상하고 집필하는 것이 첫 번째 단계이다. 이러한 것들이 서로 중첩되어 전체를 관통하는 하나의 공통인식이 생겨나면 그것으로 족하다. 공통인식이란 '세계는 하나'라는 메시지이다.

앞에서 말한 것처럼 오늘날 세계사는 각국에서 서로 달리 이해되고 있다. 그럼에도 불구하고 그 저변에는 유럽중심사관과 자국사를 중시하는 암묵적 전제가 존재하고 있다. 이 점만 본다면 현대 세계에도 공통의 세계사가 있다고 헤아 할지도 모른다. 그 경우 현행 세계사의 공통인식은 유럽중심사관과 자국사의 중시이다. 그러나 새로운 세계사는 '세계는 하나'라는 생각을 전제로 해야 한다. 이러한 메시지를 전달할 수 있다면 다양한 글쓰기가 있어도 상관없다. 비유적으로 이야기하면 새로운 세계사는 교향악과 같은 것이다. 바이올린, 비올라, 트럼펫, 심벌즈와 같은 다양한 악기가 서로 다른 음색을 연주하지만 전체가 합쳐져 하나의 음악이 되는 것과 같은 이치이다.

역으로 이야기하면 필자는 어떤 종류의 이론에 의해 세계의 과거가 통일적으로 정리되고, 그 결과 모두가 납득할 수 있는 유일한 세계사가 탄생하리라고는 생각지 않는다. 마르크스주의 역사학(과학적 역사학)은 그러한 방향성을 갖고 있었다. 아직도 그러한 방향을 추구하며 새로운 이론이나 법칙의 구축을 지향하는 사람도 있다. 그것은 그대로 좋다. 그러나 필자는 오히려 그와는 반대 방향을 지향하고자 한다. 세계는 하나이지만 그곳에 사는 사람들의 개성, 환경, 생각은 다양하기 때문에 다양한 세계사 이해와 서술이 존재하는 편이 자연스럽지 않을까? 같은 지평에만 서 있다면 전원이 같은 방향을 향할 필요는 없다. 세계사 쓰기는 여러 종류가 있어야 한다.

　일본의 경우에 대해 말하자면 새로운 세계사 인식에 입각해서 고등학교 교과서에 '세계는 하나'라는 메시지를 전달하는 역사 서술을 도입해 사람들이 그것을 학습함으로써 현대에 걸맞은 세계관을 획득할 수 있도록 하는 것이 바람직하다. 그러나 지금까지의 교과서의 역사를 되돌아보면 이 단계에 그리 간단히 도달할 수 있으리라고는 생각되지 않는다. 먼저 역사 연구자의 '상식'이 변화하여 그들이 만들어내는 성과가 바뀌고 또 그것이 학습지도요령의 내용에 반영되지 않으면 새로운 세계사 인식에 입각한 교과서가 집필되고 출판되는 일은 현실적으로 없을 것이기 때문이다.

　상당한 시간이 소요될 것이다. 그렇다고 느긋하게 있을 여유도 없다. 부분적인 것이라도 좋으니 새로운 세계사에 입각한 역사 해석과 서술을 하루라도 빨리 공표해가야 한다. 그 속에서 교과서에 필요한 사항을 골라내고 체계화하여 새로운 세계사 교과서를 집필해야 한다. 공통인식만 존재한다면 교과서 내용은 다양한 편이 더 좋다. 현행 세계사 교과서는 어느 것도 내용에서 별 차이가 없지만 새로운 세계사 교과서는 다양해야 한다. 과거를 이해하는 데 있어 어느 점에 주목하고 어느 점을 강조하는지에 따라 서술 내용이 크게 달라질 것이기 때문이다. 만약 학습지도요령이 계속 필요하다면 세계사에 관한 기본적인 관점을 규정하는 것만으로 충분할 것이다. 남은 일은 각 교과서와 집필자의 개성을 존중하는 일이다.

2. 세 가지 방법

지향하는 방향
:

지금부터는 새로운 세계사의 구상에 관한 이야기를 시작해보자. 새로운 세계사를 구상할 때 제일 먼저 맞닥뜨리는 기로는 지구의 역사를 그릴 것인지 아니면 인간의 역사를 그릴 것인지를 선택하는 일이다. 환경사적 시점을 중시한다면 인류가 탄생하기 이전의 지구의 역사를 정리해보일 필요가 꼭 있을 것이다. 인간은 지구를 생활의 터전으로 하고 있기에, 그 터전이 생겨난 경위와 터전이 가진 조건을 먼저 제시하는 것이 당연하다. 또 동식물을 포함한 지구생태계 전체의 과거를 고찰 대상으로 삼아야 할 것이다. 나아가 인간은 우주의 수많은 별 가운데 하나에서 태어난 존재이기 때문에 137억 년의 우주사를 문제로 삼아야 한다. 그러나 솔직히 이야기해서 이런 작업은 지금 필자의 한계를 벗어난다. 우주나 지구의 역사에 비교하면 인간의 역사는 한순간에 지나지 않는다는 사실, 그리고 인류와 동식물을 구분하고 있는 점을 명확히 인식한 위에서, 여기서는 인간의 역사를 그리는 일에 대해 생각해보자.

다음으로 전체 구도에 관해서이다. 이미 말한 것처럼 세계사의 어느 한 시대, 어느 한 국면만을 서술하더라도 일체적 세계사의 일부를 묘사하고 있다는 저자의 입장이 확실하다면 그것은 새로운 세계사이다. 따라서 다양한 새로운 세계사가 존재할 수 있다. 그러나 여기서는 종래의 세계사와의 차이점을 명확히 하는 의미에서 세계사의 전체상을 그리는 방법에 관해 생각해보도록 하겠다.

지금까지 반복해서 이야기해온 것처럼 일본의 일반적인 세계사는 '유럽'의 역사를 중심에 두고 구성되어 있다. '유럽'은 문명 내지 지역세계의 하나로 세계사에 등장하여 16세기 이후가 되면 말 그대로 주인공이 된다. 16세기 이후부터 20세기에 이르는 세계는 '유럽'과 '비유럽'으로 확연하게 구분되어 서로 다른 틀 안에서 시계열적으로 기술되는 것이 일반적이다. 그 내용을 단순화하면 이렇다. '유럽'은 독자적으로 발전하여 근대를 낳았고, 일본을 포함한 '비유럽'은 구미의 진출로 인해 '근대의 충격'을 받고 그 대응에 당면할 수밖에 없었다.

　　이러한 세계관과 역사 인식은 현대에 적합하지 않다. 반복하지만 지금 필요한 것은 '세계는 하나'라는 세계관이다. 역사 인식은 이에 대응하는 것이어야만 한다. 우리는 '유럽'과 '비유럽'을 구분하는 종래의 세계사 인식을 바로잡고 세계사를 일체적으로 파악하고 서술하는 방법을 개발해야 한다. 새로운 세계사의 승패는 얼마만큼 '유럽'의 역사를 특별하게 생각하지 않는가에 달려있다고 해도 좋을 것이다.

　　물론 새로운 세계사는 단순히 '유럽'과 '비유럽'의 구별을 없애기 위해 구상된 것이 아니다. 그것은 현대 세계에서 중요하게 여겨지고 있는 가치가 어떻게 발생했는지에 대해 이야기하고, 인간사회의 미래를 전망하는 것이어야 한다. 제일선의 외교관으로 활동 중인 가네하라 노부카츠(兼原信克)는『전략외교 원론(戰略外交原論)』(2011년, 日本経済新聞出版社)에서 오늘날 지구사회가 지켜야 할 소중한 가치로서 다음의 다섯 가지를 들고 있다.

① 법의 지배(어떤 권력도 광의의 법 아래에 있다)

② 인간의 존엄(인간을 소중히 여긴다)

③ 민주주의 제도

④ 국가 간 폭력의 부정(평화의 추구)

⑤ 근로와 자유시장(정당한 보수와 자유로운 교환)

상세한 점은 책을 읽어보기를 권하지만, 가네하라의 의견은 지당하다고 생각된다.

현행 세계사는 '유럽'이 이러한 가치를 모두 만들어냈다고 말하며 '비유럽'과의 구별을 강조하고 있다. 하지만 그것은 '유럽'인의 관점이다. 가네하라도 강조하고 있는 것처럼 세계 각지, 특히 일본이나 중국의 과거를 되돌아보면 사용하는 말은 달라도 그러한 가치와 거의 같은 내용의 개념에 대해 논하고 그 실현을 위해 노력했음을 알 수 있다. 새로운 세계사는 적극적으로 그런 사실을 언급하고 과거에서 현대에 이르기까지 인간이 어떻게 그러한 가치를 추구해왔는지에 대해 소개하도록 유념해야 할 것이다.

세 가지 방법

:

그렇다면 실제로 어떠한 서술 방법이 있을까? 무엇보다 먼저 유럽중심사관에서 벗어나야 한다. 그러기 위해서는 이미 제3장에서 논한 바와 같이 서술에서 중심성을 배제하는 일과 세계 각지의 관계성과 상관성을 설명하는 일이 기본적으로 필요하다. 이 두 가지 점을 기억하면서 여기서는 다음의 세 방법을 제안하고자 한다.

(1) 세계의 겨냥도

어느 한 시기의 세계의 인간집단을 가로로 나열해놓고 서로 간의 특징을 비교한다. 그것을 모델화하여 차이점과 공통점을 지적한다. 이러한 과정을 통해 전체상을 파악한 위에서 세계의 겨냥도를 그린다. 어느 한군데에 중심을 설정하지 않는 이 방법을 통해, 유럽 국가들이 모두 같은 특징을 가진 것이 아니라는 사실과 '유럽'과 '비유럽'이라는 단순한 이분법으로는 세계를 설명할 수 없다는 점을 알 수 있을 것이다.

(2) 시계열사에 집착하지 않는 역사

위에서 말한 방법으로 작성한 세계의 겨냥도를 각 시대별로 몇 개씩 만들어 현대 세계의 전체상과 비교한다. 단 이때 겨냥도를 시세얼에 따라 연속적, 통시적으로 이해하여 현대에 연결시키려 하지 않는 것이 중요하다. 어디까지나 한 장 한 장 현대와 비교한다. 그렇게 하면 개념과 현실이 뒤섞인 독특한 '유럽'사가 시계열적으로 그 모습을 드러내는 일은 없어질 것이다.

(3) 가로로 연결된 역사

세계 여러 사람들이 물건이나 정보를 매개로 긴밀하게 연결되어 서로 영향을 주고받았다는 사실을 설득력 있게 제시한다. 그로써 지구상의 사람들이 가로로 연결되어 활동하고 있었고, '유럽'만이 단독으로 존재하고 있었던 것이 아니라는 사실을 이해할 수 있을 것이다.

이하, 이 세 가지 점을 순서에 따라 상세하게 설명하도록 하자. 단 여기서 주로 논하는 것은 '유럽' 개념이 확립되는 19세기 전반 무렵까지의 세계사를 그리는 방법에 관해서이다. 이 시기까지의 세계사를 근본적으로 다시 볼 수 있으면 그 뒤의 역사 전개에 대한 해석은 저절로 달라질 것이다. 19세기 후반 이후의 세계사 해석에 대해서는 지폭과 필자의 능력의 문제로 충분히 논하지 못했다. 이 점에 대해서는 다른 기회에 다시 생각해볼 예정이다.

3. 세계의 겨냥도

공통점과 차이점을 찾다
:

세계의 겨냥도를 그리는 데는 기본 단위가 필요하다. 그 단위는 인간집단이다. 한마디로 인간집단이라고는 하지만 혈연, 언어, 지연, 신앙, 직업, 정치권력, 계급, 문화 등 분류의 기준이 되는 요소는 얼마든지 있다. 그중에서 하나의 사회질서와 그 유지를 가능케 하는 정치체제를 가진 인간집단을 고찰과 서술의 기본 단위로 삼고자 한다. 사회구성체라는 표현을 사용해도 무방할지도 모른다. 그것을 통해 앞에서 이야기한 현대 세계의 중요한 가치 중 ①에서 ④까지(법의 지배, 인간의 존엄, 민주주의 제도, 국가 간 폭력의 부정 – 역자)가 지구상 각지에서 어떻게 다루어져 왔는지에 대해 말할 수 있을 것이다.

비교의 기본적인 단위를 에둘러 인간집단이라고 표현하는 이유는 나라나 국가라는 말을 사용하면 인간집단의 특징의 다양성이 모두 사라져 버리고, 나라나 국가라는 불변의 존재가 세계 어디서나 과거부터 현재까지 지속적으로 존재해왔다고 오해할 소지가 있기 때문이다. 무리를 이루고 사는 종(種)인 인간은 시간과 장소에 따라 여러 가지 다양한 사회질서와 정치체제를 가진 집단을 형성하며 생활해왔다. 나라나 국가라는 형태 또한 역사적인 존재라는 사실을 잊어서는 안 된다. 또 나라나 국가라는 말은 인간집단이란 말보다 더욱 무기질의 조직을 의미하는 경우가 있다. 필자는 비록 집단이라고 할지라도 사람의 모습이 더 잘 보이는 역사 서술을 목표로 하고 싶다.

비교라는 방법을 사용하여 세계사를 이야기할 경우, 가장 먼저 해야 할 작업은 어느 한 시대에 인간이 만들어낸 집단의 질서, 그것을 보장하는 정치 시스템, 특징적인 문화 등을 하나하나 거론하여 해설하는 일이다. 그리고 나서 인간집단마다의 특징, 각 집단을 초월해서 존재하는 공통점, 집단 간의 영향 관계 등에 대해 논하게 될 것이다. 특히 19세기 이전의 세계는 인간집단의 존재형태가 다양했기 때문에 한 사람이 꼭 하나의 사회질서나 정치체제에 귀속하고 있었다고는 볼 수 없는 점에 유의해야 한다. 구체적인 예를 제시하며 설명하도록 하자.

8세기 당나라 장안(長安)에 거주하던 소그드계 사람들은 당 왕조의 지배하에서 생활하고 있었지만 동시에 영역 외에 속하는 서방의 소그디아나(현재의 우즈베키스탄) 방면의 친족과도 강한 유대관계를 맺고 있었다. 17세기 프랑스의 가톨릭 사교는 로마교황이 이끄는 가톨릭 신도집단의 지도자였지만 프랑스 왕에 의해

임명되었다. 같은 무렵 이란고원의 도시에서 동(銅)을 세공하는 직인은 동직 조합의 조합원이자 도시 주민의 한 명임과 동시에 사파비왕조의 신민이었다.

소그드인 친족집단, 가톨릭 신도집단, 동직 조합 등은 반드시 정치권력이라고는 할 수 없지만 그 내부에 질서가 존재하고 일정한 자치능력을 갖추고 있었다. 그 외에도 중국대륙에서 동남아시아 각지로 흘러들어간 대량의 화인(華人) 이민, 유라시아 각지에서 활약한 유대교도, 아르메니아계 사람, 소그드인 등, 전근대에 많이 볼 수 있는 디아스포라(이산공동체)의 활동도 새로운 세계사가 주목하는 중요한 요소이다.

이렇게 '국가를 초월하는' 요소에 주목하는 이유는 국민국가와 그 집합체로 구성되는 현대 세계의 역사성을 부각시키기 위해서이다. 영토와 국가주권을 불가분으로 인식하여 세계의 모든 육지를 국가 단위로 분할하는 현대 국민국가 체제의 역사성을 이해하게 되면 영토를 둘러싼 국가 간의 불모한 분쟁을 해결하기 위한 좋은 지혜가 생겨날지도 모른다.

인간집단의 모델화
:

비교를 위한 구체적인 논점으로서 다음과 같은 질문이 중요하다. 지구상의 다양한 지역에서 인간집단은 어떻게 구성되었고(기본적인 단위나 연대 방법), 사회질서는 어떻게 유지되었는가? 남녀의 사회적 역할 구분은 있었는가? 만약 있었다면 그것은 어떠한 것인가? 정치권력은 사회적 질서 유지에 어떻게 관여했는가? 정치권력의 정통성은 어떻게 보장되었는가? 종교와 사회질서 사이에는 어떠한 관계를 발견할 수 있는가? 이러한 것들은 앞서 말한 중요한 가치 중 ①부터 ③(법의 지배, 인간의 존엄, 민주주의 제도)에 관련된 테마이다.

커다란 정치권력인 경우 같은 정권의 지배하에서도 지역이나 지방에 따라 사회구조, 질서 형태, 통치 방법(구체적으로는 신분, 사법, 행정, 징세 제도) 등에서 차이가 있을 것이다. 이런 점에 주의하면서 앞에서 든 문제들에 대해 생각해야 한다.

그리고 가치 ④(평화의 추구)와 관련해서 다음과 같은 질문에도 유의해야 할 것이다. 한 인간집단과 다른 인간집단 사이의 평화적 관계는 어떻게 구축·유지되고, 무력을 사용한 전쟁이 발생하는 것은 어떠한 경우에서인가? 한 인간집단과 토지 혹은 영역의 관계는 어떠한 것이었는가?

이러한 것들은 역사 연구의 영역에서는 비교적 전통적이고 일반적인 질문이기 때문에 국가나 지역의 역사에서는 이미 상당한 정도 답이 나와 있는 상태이다. 우리가 할 일은 국가사나 지역사의 문맥에서의 한정형의 회답을 상호 비교할 수 있도록 모델화해서 옆으로 나란히 늘어놓아 보는 것이다.

모델화란 과거의 일 가운데 개별 구체적인 부분과 예외적인 부분을 가리지 않고 어떤 인간집단의 사회질서와 정치체제의 주된 특징이라고 여겨지는 요소를 가려내어 상호 비교가 가능한 모델로 명쾌하게 제시하는 일을 말한다.

예를 들어 설명하도록 하자. 깊은 숲을 머리에 떠올려보면 숲속에는 그루마다 다른 형상을 한 나무들이 살고 있다. 각자 개성적이다. 그러나 다른 한편에서 이 나무들을 삼나무, 떡갈나무, 녹나무, 밤나무 등과 같이 종류 별로 나누어 파악하는 것도 가능하다. 이러한 나무와 풀이 함께 어우러져 전체로서의 숲이 형성되어 독특한 분위기를 자아내고 있는 것이다.

지구상의 인간사회는 깊은 숲과 같은 것이다. 한 인간집단이 한 그루의 나무이고, 그 총체가 숲이다. 나무는 제각기 달라 보이지만 종류 별로 합쳐 파악하는 것도 가능하다. 어느 한 그룹의 나무에 공통적으로 보이는 특징이 있기 때문이다. 특징으로는 잎이나 줄기의 색깔과 형태, 꽃이나 열매가 피는 모습, 낙엽이 지는 모습 등 여러 가지가 있을 수 있다. 이러한 '그룹 분류 작업'을 할 때 우리는 거의 무의식중에 한 그루의 나무를 '모델화'하고 있는 셈이다. 무엇이 그 나무의 특징인지를 발견하여 그것이 어느 나무와 같고 어느 나무와 다른지를 판단하고 있기 때문이다. 그리고 그 다음 단계로서 어느 한 숲과 다른 숲을 비교하여 침엽수림이나 광엽수림 등과 같이 구분하기도 한다. 이때는 숲 전체를 모델화하고 있는 것이다.

인간집단에 대해서도 기본적으로 이와 동일한 작업을 행하면 된다. 모델화에 의해 어떤 인간집단의 주된 특징을 발견하고, 그것을 다른 인간집단의 특징과 비교하여 공통점과 차이점을 부각시키는 것이다. 그러한 작업을 통해 한 시대의 겨냥도가 완성되면 그것을 또 모델화하여 다른 시대의 겨냥도와 비교하는 것도 가능할 것이다.

겨냥도의 작성

:

구체적으로 설명하자. 17세기 후반이라는 시기를 예로 들면, 츠나요시(綱吉) 치하의 도쿠가와(德川)정권, 숙종 치하의 조선왕국, 강희제(康熙帝)가 지배하는 청조, 갈이단(噶爾丹)의 준가르한국(准噶爾汗國), 나라이왕의 아유타야왕조, 아우랑제브 지배하의 무굴제국, 솔레이만 시대의 사파비왕조, 메흐메트 4세 시대의 오스만왕조, 표도르 1세의 러시아, 레오폴트 1세의 신성로마제국, 네덜란드공화국, 루이 14세의 프랑스왕국, 명예혁명 직후의 잉글랜드왕국, 카를로스 2세의 스페인, 아르메니아인, 유대인, 화인과 같은 유라시아 각지에 산재하는 디아스포라(이산공동체)적 인간집단, 남북아메리카의 식민지와 선주민 사회, 아프리카나 오세아니아처럼 강력한 정치권력이 존재하지 않았던 지역의 인간집단 등이 존재하고 있었다. 이러한 인간집단의 사회질서와 정치체제에 대해 앞에서 제시한 것과 같은 공통의 질문을 던져 모델화를 시도하여 가로로 나란히 세워보는 것이다. 그렇게 하면 각 인간집단 사이에 어떤 점이 공통되고 어떤 점이 다른지 분명하게 되어, 이 시기의 인간사회 전체의 특징적인 모습이 밝혀질 것이다.

그 결과는 고등학교 교과서적인 세계사 이해와 크게 동떨어진 것이 될 것이다. 현행 교과서는 이 시기의 유럽 각국의 역사를 각 나라별로 서술하는 한편 주권국가체제라는 공통의 국제질서 성립에 대해 설명하고 있다. 단 각 나라별 서술은 역사적 사항이나 술어 중심으로 독립되어 있어 포인트를 정해 서로를 비교할 수 없다. 예를 들면 네덜란드의 공화제와 영국의 의회왕정, 프랑스의 절대왕정, 오스트리아 · 신성로마제국의 제정(帝政)은 어디가 같고 어디가 다른지 기본적인 점을 전혀 알 수 없다. 왜 이러한 국가들은 모두 '주권국가'로 여겨지고 '비유럽' 국가들은 그렇지 않은지에 대한 설명도 없다.

같은 시기 서아시아, 남아시아, 동아시아에는 커다란 왕조국가('제국'이라고도 불린다)들이, 서쪽부터 이야기하면 오스만왕조, 사파비왕조, 무굴왕조, 청조, 일본 등이 존재하고 있었다. 이들 왕조의 정치체제나 사회질서에 대해서도 개개의 특징을 지적할 뿐, 상호 간 혹은 서방 유럽 국가들과의 비교가 가능하도록 서술하고 있지 않다.

교과서 기술이 이처럼 제각기인 이유의 하나는 종래의 역사연구가 분석과 종합의 주된 틀을 국가나 지역에 두고, 역사적 사실을 국가나 지역에 남겨져 있는 자료의 문맥에 따라 그 국가나 지역만의 시계열사 위에서 해석해왔기 때문이다. 예를 들어 일본사의 '막번체제(幕藩體制)'의 경우 주로 앞뒤 시대의 정치체제와 비교하여 일본사에 있어서의 특징에 대해 논해왔다. 프랑스의 '절대왕정'도 프랑스사의 문맥에서 해석되고 이해되었다. 종래 각지의 정치권력은 '조(朝)', '왕국', '제국', '한국(汗國)' 등 여러 가지로 불리어왔다. 이러한 호칭의 대부분은 각 인간집단의 정치체제에 대한 엄밀한 구별과 그룹화의 결과가 아니라 지역적 역사 서술의 단순한 관습에 지나지 않는다.

새로운 세계사는 이러한 각국사적 이해와 '유럽', '비유럽'과 같은 이분법적 이해를 일소할 것을 지향한다. 세계의 인간집단을 같은 층위에서 같은 각도로 바라보고 그 공통점과 차이점을 논하기 위해서이다. 실제 서술에서는 특징적인 인간집단의 사회질서와 정치체제에 대해 다른 집단과의 비교를 염두에 두면서 순서에 따라 해설해갈 것이다. 그 과정에서 앞서 이야기한 ①에서 ⑤까지의 다섯 가지 중요한 가치가 각 집단에서 어떻게 취급되었는지에 대해 특히 주목하고자 한다. 다음으로 인간집단의 유형화를 시도해, 지구상에 공통의 특징을 가진 인간집단이 얼마나 또 어떻게 분포되어 있었는지, 각 인간집단끼리의 관계는 어떠했는지를 밝혀 전체를 조감할 수 있는 겨냥도를 그린다. 그것은 단순히 '유럽'과 '비유럽'을 구분하는 세계사 인식으로는 설명할 수 없는 한층 복잡한 도면이 될 것이다.

　물론 이러한 작업을 혼자서 하는 것은 불가능하다. 각 지역사의 전문가가 가능한 같은 각도에서 고찰한 신뢰할 수 있는 데이터를 서로 제출하여 공동 논의를 함으로써 더욱 치밀하고 설득력 있는 전망을 획득할 수 있을 것이다. 학문연구에서는 독창성이 누누이 강조되지만, 이 작업에서는 참가자가 문제의식을 공유하고 같은 수법을 사용하여 공동으로 연구를 추진해나갈 필요가 있다. 다른 연구자의 업적을 이차 자료로서 적극 활용하는 것도 생각해볼 일이다.

4. 시계열사에 집착하지 않는 역사

몇 장의 겨냥도
：

　여러 인간집단의 사회질서와 정치체제를 모델화하여 그것을 가로로 놓고 서로 비교해 과거 어느 한 시점의 세계 전체를 조감하는 겨냥도를 그렸다고 하자. 종래의 세계사 이해 방법에 따르면 중요한 논점이 되는 것은 겨냥도상의 개개의 인간집단이나 겨냥도 전체가 그 뒤 어떻게 변화해 갔는지에 관한 문제이다. 예를 들면 역사학자들은 17세기에서 18세기로 접어들면서 잉글랜드왕국의 정치체제는 어떻게 변했는가, 변화의 이유는 무엇인가, 또 청나라의 사회질서에 변화는 있었는가 하는 식의 문제를 열심히 논해왔다. 그들에게 가장 큰 문제관심은 연구 대상의 변천을 시간 축 위에서 밝히는 일이기 때문이다.

그러나 여기서 구상하는 세계사는 굳이 시계열사적인 해석에 집착하지 않아도 좋다. 인간집단의 전체적인 비교를 통해 어느 한 시대의 세계의 겨냥도를 그리는 데 전력을 다한다. 그림이 만들어지면 그것으로 족하고, 다음은 그 그림과 상관없이 임의의 시대에 관한 새로운 겨냥도를 그리는 것이다. 앞뒤 시대와의 관련성은 생각하지 않고, 어디까지나 현대 세계와의 대비를 중시하면서 과거 어느 한 시대의 세계 전체의 모습을 그려보는 것이다. 이 방법은 이미 제2장에서 이야기한 프랑스 역사교과서가 일부 실천하고 있다.

겨냥도 한 장의 시간 폭은 15세기 무렵까지는 100년 정도가 좋지 않을까? 10년도 50년도 좋지만, 15세기 이전의 경우 세계 각지의 인간집단을 10년 단위로 모델화하는 것은 힘든 작업이 될 것이다. 그렇다고 300년, 500년이라는 단위는 너무 길다. 100년 정도가 적당하지 않을까 생각한다.

시대가 현대에 가까워질수록 정보량도 많아지고 사건의 미세한 부분까지 시야에 들어오게 된다. 당연히 단순한 모델화는 힘들게 된다. 100년이 아니라 더 짧은 시간 폭으로 겨냥도를 그리게 될 것이다. 각 겨냥도와 현대 세계와의 관계를 논할 수 있으면 그것으로 충분하다.

하지만 그러한 것을 '세계사'라고 말할 수 없다고 비판할지도 모른다. 그럴 경우 과거에서 현재까지의 겨냥도를 시대순으로 포개놓아 보는 것도 좋을 것이다. 시대에 따라 세계의 겨냥도가 달라지는 모습을 확인할 수 있을 것이다. 단 이러한 겨냥도들을 시계열적으로 연결시켜 이해해서는 곤란하다. 이하에서 말하는 것처럼 '세계'라는 시공간의 통사적 서술에는 당분간 신중을 기하고 싶기 때문이다.

겨냥도를 몇 장 포개서 보는 방식은 커다란 이점을 하나 갖고 있다. 그것은 인간집단의 규모나 생활 범위가 시대에 따라 달라지는 것을 명확하게 나타낼 수 있다는 점이다. 지금까지의 세계사처럼 반드시 어떤 인간집단이 장기간에 걸쳐 존재했다고 생각할 필요는 없다. 각각의 시대에 특징적인 인간집단이 각지에 존재했다고 생각하면 그것으로 충분하다. 이로써 A라는 문명, B라는 국가, C라는 문화가 옛날부터 변함없이 존재했다고 생각하는 본질주의적인 역사 이해를 피할 수 있게 될 것이다.

예를 들어 기원전 1세기에 커다란 인간집단 M이 존재했던 지역에 10세기가 되면 네 개의 서로 다른 특징을 가진 인간집단 P, Q, R, S가 성립했다고 하자. 그리고 이 네 집단이 살고 있는 지리적 공간의 총합이 예전의 M이라는 집단의 공간과 정확하게는 일치하지 않는다고 하자. 시계열적 역사 서술을 중시하는 종래의 세계사에서는 이 두 시대의 서로 다른 인간집단을 어떻게 연결시켜 설명할지가 중요한 논점이 되었다. 현행 중국사 서술을 떠올리면 쉽게 이해할 수 있을 것이다. 그러나 새로운 세계사에서는 이는 거의 문제가 되지 않는다. 기원전 1세기와 10세기의 세계를 각각 조감하고 그 전체상을 파악하려는 것뿐이기 때문이다. 예를 들어 한나라와 당나라를 같은 '중국'으로 볼 것인지 말 것인지를 논할 필요가 없는 것이다.

'유럽'에 관해서도 마찬가지이다. 16세기의 세계의 겨냥도와 18세기의 그것은 당연히 매우 다를 것이다. 16세기에는 어떤 인간집단이 '유럽'을 구성하고, 18세기가 되면 그것이 어떻게 변화하는지를 물을 필요가 없다. 왜냐하면 중요한 것은 각 시대의 겨냥도를 참고로 하여 현대 세계의 특징과 구조를 이해하거나, 아니면 반대로 현대 세계를 참고로 하여 과거를 이해하는 일이기 때문이다. '유럽'은 단지 개념 혹은 이념에 지나지 않는 것으로, 현실의 인간집단의 질서나 정치체제 그 자체가 아니다. 시계열적 이해에 집착하지 않는다면 이 점을 확실하게 이해할 수 있을 것이다.

현대와 과거의 비교
:

과거 세계의 겨냥도는 현대 세계와 비교하기 위해 작성하는 것이다. 과거 세계의 모습을 보고 우리는 현대 세계의 특징을 보다 더 정확하게 이해할 수 있기 때문이다. 새삼 지적할 필요도 없겠지만 역사의 효용은 무엇보다 현대를 이해하는 데에 있다.

필자는 지금 인간집단의 질서와 그것을 유지하는 정치체제에 주목하여 과거의 겨냥도를 그리는 일을 제안하고 있다. 그 이유는 현행 세계사와 동일한 소재를 취급하더라도 과거를 묘사하는 방법이나 설명 방식에 대해 궁리하면, 현대를 바라보는 사람들의 눈이 달라질 것이라고 생각하기 때문이다. 겨냥도를 그릴 때는 앞서 이야기한 다섯 가지 가치에 주목하면서 세계 각지에서 그러한 것들이 어떻게 다루어져 왔는지를 잘 알 수 있도록 서술할 필요가 있다. 서로 다른 과거의 겨냥도로부터 많은 유익한 정보를 캐낼 수 있을 것이다. 이러한 과정을 통해 현대 세계에서 다섯 가지 가치가 중시되는 상황의 시대성이나, 가치를 확립하는 일의 중요성을 인식하게 되면 좋을 것이다.

예를 들면 과거 어느 한 시대의 세계를 바라보면 한 인간집단과 다른 인간집단이 반드시 각자의 영역적 경계를 의식하지는 않는다는 사실을 알 수 있다. 동남아시아의 경우처럼 토지가 아니라 사람을 빼앗기 위해 전쟁이 일어난 장소나 시대도 있었다. 이러한 것을 통해 세계의 모든 육지가 주권국가의 영토라는 생각이 결코 통시대적인 것이 아니라는 사실, 다시 말해 주권국가끼리의 영토 분쟁이 근현대 특유의 현상이라는 점을 이해할 수 있게 될 것이다. 독도나 센카쿠열도가 본래 어느 '나라'의 영토였는지를 논해본들 의미가 없는 일이다.

또 다른 시대의 겨냥도를 검토해보면, 생산이나 무역에 관한 모든 통계를 국가 단위로 계산하고 집계하여 그로써 국력을 가늠하고 일희일비하는 생각이 지극히 현대적인 현상이라는 사실도 확인할 수 있을 것이다. 예를 들어 16세기 인도양 해역에서는 '국가'가 상인들의 교역활동을 관리하는 일은 거의 없었으며, 상인이 어느 '나라' 출신인가는 문제가 되지 않았다. 상인 측 또한 '국가'를 위해 일한다는 의식이 전혀 없었을 것이다. '자유무역'이라는 개념 자체가 근현대 특유의 것이다. 이러한 것이 과거로부터 현대를 비추어 그 특징을 밝히는 역사의 유용성이다.

한편 역으로 현대에서 과거를 바라보고 지금까지 잊고 있었던 과거의 한 측면에 주목하는 일도 중요하다. 현대적인 관심에 입각하여 지금까지 그다지 주목하지 않았던 과거를 발굴하기 위해 의식적으로 노력하는 것이다. 인간과 환경의 관계 혹은 인간의 자원 개발 기술과 이용 방법 등을 조사해서 밝히는 것은 그 좋은 예이다.

현대 세계에서 무엇을 중요하게 여길지는 사람마다 다르다. 각자가 각자의 방법으로 과거로부터 유익한 정보를 이끌어내고, 또 역으로 현대적 관심에서 과거의 새로운 국면을 밝혀낼 수 있다면 그것은 멋진 일이다. 어쨌건 중요한 것은 현대와 과거의 대화이다. 이 기본적인 자세를 항상 의식해야 한다.

시계열사의 포기
:

지금까지 '시계열사'라는 말을 특별한 설명 없이 자주 사용해왔다. 여기서 이 말에 대해 설명해두자.

시간이 경과함에 따라 사물은 변해간다. 그 과정을 묘사하고 변화의 이유와 영향을 설명하는 것이 일반적인 역사 서술이다. 우리가 나날의 일을 그렇게 경험하고 있다고 생각하기 때문이다. 과거를 이와 같이 파악하는 것을 시계열사에 의한 이해라고 말한다. 현대인에게는 당연하게 여겨지는 인식 방법이지만, 알고 보면 이 것은 시간이 과거로부터 미래를 향해 불가역적으로 그리고 일직선으로 흐르고 있다고 생각하는 시간관념에 입각한 독특한 역사관이

다. 과거에는 순환하는 시간이나 반복되는 시간에 입각한 역사관
도 존재했다. 세계 모든 사람들이 시계열적 역사관을 갖고 있었던
것은 아니다.

　일본에서는 과거를 이해할 때 특히 시계열사에 의한 역사 서
술을 선호한다. 그 이유의 하나는 일본이라는 국가의 역사가 옛날
부터 오늘날까지 시간에 따라 순차적으로 서술되는 것이 통례이기
때문일 것이다. 이런 역사 이해 방법은 메이지시대가 되어 '서양
근대'를 수입함으로써 시작된 것이 아니다. 천황가의 계속성을 배
경으로 하여 '일본'의 역사를 시계열적으로 파악한 작품으로 남북
조시대의『신황정통기(神皇正統記)』를 들 수 있다. 에도시대의 국
학(國學) 사상, 미토번(水戶藩)의『대일본사』등도 '일본'이 고대부
터 연면히 존재했다는 것을 논의와 서술의 전세로 하고 있다. 이처
럼 시계열사적 방법은 일본어 문헌의 세계에서는 아주 오래전부터
존재해왔다.

　현재도 일본의 역사학자는 많은 경험과 지식을 쌓은 뒤 최종
적으로 전문 영역의 국가나 지역의 통사, 즉 시계열사를 집필하는
경우가 자주 있다.

　'왜 변했는가?'를 묻는 일은 역사학자의 천성이다. 그러나 새로
운 세계사는 이러한 역사 이해 방법을 부분적으로 포기하고자 한
다. 시계열사적 서술은 이하에서 말하는 두 가지 특징 때문에 중심
사관에 빠지기 쉽기 때문이다.

　시계열사의 첫 번째 특징은 어느 특정한 공간이나 인간집단의
역사를 시간의 경과에 따라 묘사하는 것이다. 어느 공간이나 인간
집단의 역사가 다른 공간이나 인간집단의 과거와 분리되어 직선적

인 시간의 흐름에 따라 독자적으로 전개되었다고 이해함으로써 시계열사는 성립한다. 이러한 서술 방법을 다른 말로 '통사'라고도 한다. 통사에서는 어느 한 공간이나 인간집단이 서술의 중심이 된다. 영국사, 중국사, 그리고 '유럽'사 등을 상기해보면 이해하기 쉬울 것이다. 그 결과는 중심사관적인 서술이 되기 십상이다.

두 번째 특징은 시계열사가 서술의 대상으로서 공간, 인간집단, 사물 등과 같은 구체적인 무언가를 반드시 상정하는 점이다. 시계열사가 성립하기 위해서는 어떤 공간, 인간집단, 사물 등이 일정 기간 실제로 존재하고 있다고 생각해야 한다. 존재하지 않는 것 혹은 상상할 수 없는 것의 역사는 쓸 수 없기 때문이다. 개념으로서의 '유럽'은 역사를 배경으로 함으로써 실재성을 획득한다. '유럽'이 존재한다고 생각하기 때문에 유럽사를 시계열에 따라 서술하려 하는 것이다. 이처럼 유럽사는 개념의 '유럽'을 현실로 만드는 중요한 장치이다. 이슬라암중심사관이나 일본중심사관도 기본적으로 이와 같은 구조를 갖고 있다.

새로운 세계사에서 시계열사적으로 이해해야 하는 것은 '세계'라는 시공간 단위뿐이다. '세계'의 역사를 시계열에 따라 잘 서술하면 '세계'가 실체화되고, 그 결과 사람들은 세계가 하나라는 사실을 실감하고 귀속의식을 갖게 될 것이다. 궁극적인 세계사는 그런 것인지도 모른다. 그러나 현재로서는 세계 전체의 과거를 시계열사적으로 서술하는 일은 어렵다. 무엇을 중요한 키워드로 할 것인지가 아직 불분명하다. 필요한 정보가 모두 우리 앞에 놓여있는 것도 아니다. 성급하게 '세계'의 시계열사를 그리려고 들면 현행 세계사와 같은 '승자의 역사'가 될 위험성도 있다. 그러면 그곳에서 누락

된 정보가 '주변'을 형성할 것이다. '세계'의 시계열사는 아직 미래의 일이라고 생각하는 편이 좋을 것이다.

5. 가로로 연결된 역사

관계성과 상관성의 중시
:

유럽중심사관에서 벗어나기 위한 세 번째 방법은 '유럽' 사람들뿐만 아니라 세계 여러 사람들의 생산·유통·소비와 관련된 활동이 어우러져 지리적 유럽의 일부 국가들이 타 지역보다 더 높은 경제성장을 이룩했다는 사실을 알 수 있도록 세세사를 기술하는 것이다. 에두른 표현이라 "무슨 말을 하는 건지 알 수가 없다"고 야단을 맞을지도 모르겠다. 간단히 말해서 19세기에 영국이 높은 경제성장을 실현한 것은 영국인뿐만 아니라 세계 여러 지역 사람들의 활동의 결과라는 점을 알 수 있도록 세계사에 기술하자고 이야기하고 싶은 것이다. 이는 앞서 말한 중요한 가치 ⑤(정당한 보수와 자유로운 교환)가 과거에 어떻게 다루어졌는지를 밝히는 작업이라고도 할 수 있다.

그러기 위해서는 세계 각지의 사람들이 특히 교역과 상품유통 분야에서 깊은 상관관계를 갖고 서로 영향을 주고받았다는 사실을 구체적으로 설명하는 일부터 시작해야 한다. 교환의 역사는 인간의 역사만큼 오래되었다. 결코 16세기 이후 '유럽'인이 세계 각지를 찾아다님으로써 시작된 것이 아니라는 사실을 구체적인 예를 제시하면서 강조해야 한다. 또 자유로운 교환이라는 거래 방법이 아담 스미스나 '유럽'에 의해 발명된 것이 아니라, '유럽'인이 참가하게 되는 인도양 해역세계에서는 이미 실현되고 있었다는 점도 설명해야 할 부분이다.

'유럽'인이 세계 각지로 일방적으로 확대해간 것처럼 여겨지기 쉬운 16세기 이후에 관해서도, 세계 여러 사람들이 다양한 상품을 매개로 가로로 연결되어 여러 분야에서 서로 영향을 주고받았다는 사실을 비교적 쉽게 제시할 수 있을 것이다. 그것을 통해 세계가 한편으로는 '유럽' 혹은 구미, 다른 한편으로는 '비유럽' 혹은 아시아라는 두 지역으로 분리되어 따로따로 경제활동을 하고 있었던 것이 아니라는 사실을 구체적으로 보여줄 수 있을 것이다. 이러한 방법을 사용할 경우 물건이나 상품을 축으로 하여 시계열사적으로 기술하는 것이 효과적이다.

상품의 역사를 연구하는 분야는 제3장에서 말한 것처럼 지금까지 상당한 축적이 있기 때문에 그러한 선행연구를 활용하여 새로운 해석을 시도하는 것도 가능하다. 향신료, 면직물, 견직물, 은이나 동과 같은 금속, 도자기, 설탕, 차, 커피, 아편, 노예 등, 적당하다고 생각되는 몇 개의 상품을 선정하여 생산, 유통, 판매, 소비의 각 국면을 설명하면 된다. 그로써 무수히 많은 사람들이 그러한 세계상품의 생산부터 소비에 이르기까지의 어느 국면에서 서로 관계를 맺으며 활동하고 있었다는 점을 구체적으로 제시할 수 있다.

단 지금까지의 연구는 설탕이나 차와 같은 세계상품을 대상으로 하는 경우도 '유럽'과 '비유럽' 혹은 '아시아'라고 하는 틀을 무조건적인 전제로 하여 분석하거나 설명하는 것이 대부분이었다. 또 그러한 세계상품이 영국의 경제성장에 어느 정도 유효했는가라는 식으로, 주로 일국사적, 경제사적 시점에서 검토가 이루어지는 것이 일반적이었다. 그렇기 때문에 이 분야도 새로운 세계사 서술을 위한 자료가 이미 준비되어 있다고 말하기 어려운 실정이다.

우선 필요한 작업은 유라시아 · 아프리카, 더 나아가서 남북아메리카와 오세아니아를 포함한 세계 전체를 하나의 시야에 넣고 어떤 상품이 어디서 어떻게 얼마만큼 생산되어, 어디에서 어디로 얼마나 운반되고, 어디에서 유통되고 어떻게 소비되었는가라는 기본적인 데이터를 일국사적 내지 이국간(二國間) 관계사적이 아니라 다각적 · 부감적(俯瞰的)으로 정리하는 일이다. 그리고 '자유로운 교환'이라는 사고방식의 확산과 배경을 알기 위해서 생산 · 운반 · 유통 · 소비의 각 과정에서 정치권력이 어떻게 관여하는지를 밝혀야 한다. 이는 간단하게 보이지만 매우 힘든 작업으로, 어느 정도 정확한 데이터를 준비하기 위해 노력이 필요하다. 그렇게 하면 상품의 생산 · 운반 · 유통 · 소비의 결과, 각 지역의 인간집단의 사회질서나 정치체제 그리고 일상생활이 어떻게 변화했는지를 설득력 있게 그릴 수 있을 것이다.

상품의 생산 · 운반 · 유통 · 소비의 각 단계에서 사람에 의해 만들어진 네트워크는 중심을 갖고 있지 않다. 따라서 그것을 찾아내려고 노력할 필요도 없다. 한 사람 한 사람이 네트워크상의 어느 한 부분에서 주어진 역할을 다하고 있는 것을 묘사하면서, 네트워크가 인간집단의 사회질서나 정치체제에 어떠한 영향을 미쳤는지에 대해 설명하면 된다.

지금까지 우리는 '영국'이나 '일본'과 같은 나라를 마치 인격을 가진 개인처럼 생각하며 세계사를 서술하고 이해하는 경우가 많았다. 예를 들어 『상설 세계사B』(山川出版社)를 읽어보면, "영국은 암보이나사건 이후 인도 경영에 주력했다. 마드라스·봄베이·캘커타를 기지로 하여 왕성한 통상활동을 전개하고 세 번에 걸친 네덜란드와의 전쟁을 통해 17세기 말에는 세계 무역의 패권을 거머쥐었다", "네덜란드는 1623년의 암보이나사건을 계기로 영국에 대한 우위를 결정적으로 하여 영토획득에 착수했다"라는 식으로 국가를 주어로 하는 표현이 자주 눈에 띈다.

하지만 여기서 구상하는 세계사는 그러한 표현에 신중해질 필요가 있다. 상인이나 무역상 혹은 상품을 생산하거나 소비하는 사람들의 의지나 행동이 국가의 의지와 반드시 일치한다고는 볼 수 없기 때문이다. 만약 물건의 생산과 유통을 반드시 국가적 동향과 연결시켜 이야기해야 한다고 생각한다면 그것은 각국사를 한데 묶은 현행 세계사의 틀 속에 구속되어 있는 것이다. 적어도 국민국가가 확실하게 그 모습을 드러내는 19세기에 이르기까지의 시기는 어떤 상품의 생산·운반·유통·소비와 관련된 세계 여러 지역의 네트워크와 각 국면에서의 사람들의 활동의 실태가 '국가'를 항상 의식하지 않고 이해될 수 있도록 기술해야 한다.

해석의 상대화
:

역사를 묘사하는 방법은 과거를 해석하고 이해하는 사람의 입장에 따라 다르다. 따라서 종래의 세계사와 여기서 구상하는 새로운 세계사는 개별적인 역사 해석에서 차이가 날 것이다. 산업혁명을 예로 들어 논해보자.

지금까지의 세계사는 세계상품 가운데 특히 면직물과 설탕을 거론하며, 영국이 소위 삼각무역을 통해 이러한 상품들을 효과적으로 판매해서 '자유무역'의 기수로 세계경제의 중심에 서게 되었다고 설명한다. 그에 반해 영국의 라이벌이었던 프랑스나 독일과 같은 '유럽' 국가들의 국제무역과 경제정책의 추이에 관해서는 그다지 언급하지 않는 것이 일반적이다. 따라서 그러한 나라들이 실제로 어떠한 무역정책과 경제정책을 폈는지, 영국의 정책과는 어떠한 관련이 있었으며 공통점과 차이점은 무엇인지, 적어도 고등학교 교과서를 통해서는 알 길이 없다.

그럼에도 불구하고 종래의 세계사는 이 시기 영국의 경제발전을 거의 그대로 '유럽'의 경제발전과 직결시켜 논하고 이해해왔다. 프랑스와 독일에 대해서는 서술이 없다가, 정신을 차려보면 어느새 두 나라는 '유럽 열강'의 일원으로 이른바 세계분할 사업에 참가하고 있다. 네덜란드와 같이 18세기 말에 일단 모든 것이 백지화된 소국(小國)조차도 무슨 이유에서인지 세계의 강국으로 인식하고 있다. 처음부터 '유럽'이 세계의 중심으로 존재하고 있고 그에 속하는 국가들이 공동보조를 취했다고 생각하지 않는 한 이러한 해석은 성립할 수 없다. 어쨌건 이러한 것이 '국가'를 주어로 하는 현행 세계사의 전형적인 관점이다.

그렇다면 새로운 세계사는 이를 어떻게 해석할 것인가? 높은 경제성장과 산업혁명이 19세기 브리튼 섬에서 발생한 것은 틀림없는 사실이다. 그러나 새로운 세계사는 종래와 같이 이 혁명이 브리튼 섬의 사람들에 의해서만 이루어졌다고는 생각하지 않는다. 싸고 질이 좋은 면직물을 생산하는 인도 아대륙 각지의 직인들, 멋진 무늬의 인도산 면포를 원하는 브리튼 섬과 일본 열도의 사람들, 플랜테이션 농업에 노예를 필요로 하는 아메리카대륙과 카리브 제도의 사람들, 노예무역을 통해 이익을 챙기는 아프리카 각지의 사람들, 아시아의 바다에서 서방유라시아에서 온 상인들과 경쟁하는 서아시아와 남아시아의 상인, 아시아의 바다에서도 북해나 발트해와 같은 서방의 바다에서도 활약하는 북서유럽 국가들과 아메리카 출신의 무역상과 밀수업자, 유라시아 내륙부에서 차를 마시기 시작한 러시아계와 터키계 사람들 등등, 이러한 세계 여러 지역 사람들의 다양한 활동이 연결되어 네트워크가 되고 서로 복잡하게 영향을 주고받은 결과 브리튼 섬의 일부에서 경제발전과 산업혁명이 일어났다고, 새로운 세계사는 생각하는 것이다.

　영국이라는 나라에 강한 귀속의식을 가진 '영국인'은 아마 이런 역사 해석에 납득하지 않을 것이다. 산업혁명을 가능케 한 것은 영국인에 의한 기계류의 발명이라고 반론할지도 모른다. 그러나 영국이 세계 다른 나라들에 앞서 경제발전과 산업혁명을 달성했다고 해석하는 것은 영국사라는 틀로 역사를 이야기할 경우의 일이다. 지구상의 모든 사람들의 역사에 대해 이야기할 때는 영국이 아니라 세계가 틀이 되고, 지금까지와 다른 해석이 출현하는 것은 당연한 일이다. 위대한 발명가도 지구사회의 일원이다. 또 그들의 발명의 배후에는 영국뿐만이 아니라 세계 여러 사람들이 노력하여 획득한 지식과 기술의 축적이 있었음에 틀림없다.

　이러한 이해 방법은 일본사를 떠올려보면 쉽게 납득이 갈 것이다. 메이지유신의 주역들 가운데 많은 사람들이 서남지방 출신 자들이다. 오늘날 가고시마(鹿兒島), 야마구치(山口), 고치(高知) 등에서 살고 있는 사람들은 그것을 자랑스럽게 생각할 것이다. 그러나 메이지유신은 서남지방 출신자들의 활동만으로 달성된 것이 아니다. 일본 전국의 여러 사람들의 다양한 활동이 중첩되고 서로 영향을 주고받은 결과이다. 그것은 결코 가고시마나 야마구치 사람들만의 일이 아니다. 산업혁명의 경우도 이와 마찬가지라고 생각해야 한다. 산업혁명과 영국의 경제발전은 영국 내지 '유럽'만의 힘으로 달성된 것이 아닌 것이다. 세계 사람들의 다양한 활동이 만들어낸 현상의 하나이다.

이와 마찬가지로 16세기 이후의 경제 현상을 가로로 연결된 세계 사람들의 활동의 결과로 설명할 수 있다면 유럽중심의 현행 세계사 해석은 어느 정도 상대화될 수 있다고 생각한다.

6. 새로운 해석을 향하여

'유럽' 개념의 보급

지금까지 설명한 세 가지 방법을 잘 활용하면 종래의 '유럽'사나 유럽중심주의적 관점을 내포한 세계사와는 매우 다른 새로운 세계사 해석을 제시할 수 있을 것이다. 그러나 그렇게 해서 '유럽' 사를 해체했다손 치더라도 '유럽'이라는 개념의 문제는 여전히 남는다. 19세기 말에 이르기까지 자기와 남을 준별하여 '유럽'을 선진, 보편, 정의 가치의 체현자로 생각하고 '비유럽'을 그 반대의 타자로 인식하는 '유럽' 개념과 세계관이, 일찍이 로마·가톨릭의 영향력이 강했던 서유럽은 물론 프로테스탄트가 많은 북유럽이나 동방정교회 지역의 러시아에 이르기까지, 지식인들 사이에서 상당한 힘을 갖고 공유된 것은 틀림없는 사실이다.

새로운 세계사는 이러한 개념과 세계관의 성립 과정에 대해 가능한 자세하게 묘사해야 한다. 처음부터 '유럽'과 '비유럽'이라는 두 개의 공간이 있다고 전제하고 그것들이 걸어간 길을 추적할 것이 아니라, 양자가 서로 다른 길을 걷고 있다고 생각하는 세계관이 유력하게 되고 그런 생각이 현실 세계의 동향에 커다란 영향을 끼쳐왔다고 기술하는 것이다. 이러한 의미에서 '유럽' 개념의 형성 과정을 밝히는 작업은 매우 중요하다.

'유럽'과 '비유럽'이라는 이항대립적 세계관은 서방유라시아 이외의 지역의 경우와 마찬가지로 서방유라시아의 세계관과 사회 구조에게도 커다란 도전이었을 것이다. 그때까지 서방유라시아에서는 많은 사람들이 크리스트교적 세계관을 받아들이고 있었지만, 인간과 세계에 관한 새로운 시점은 종래의 세계관에 대해 대폭적인 변용을 강요하는 것이었다. '유럽'적 세계관은 크리스트교에 의해 지탱되어온 기존의 사회질서와 그것을 보장하는 정치체제를 파괴할 정도로 큰 위력을 갖고 있었다. 18~19세기에 서방유라시아 각지에서 발생한 정세 불안과 혁명의 원인의 하나는 여기에 있었다고 말해도 좋을 것이다.

한편 북서유럽 이외의 지역에 존재하던 세계관은 대부분 일정한 지역 사람들 사이에 머무르는 것으로, 지역을 넘어 다른 인간집단에게로 확산되는 일은 거의 없었다. 세계관은 통치의 정통성이나 종교 등에 입각한 사회질서와 깊은 관계에 있는 경우가 많아 다른 사회에 곧바로 받아들여지기 어렵기 때문이다.

그러나 북서유럽에서 탄생한 '유럽'을 중심으로 하는 새로운 세계관은 지리적 의미의 유럽을 넘어 지구 규모로 확대되어 지역에 따라 차이는 있지만 '비유럽'에서도 상당한 힘을 갖게 되었다. 이 책에서 살펴본 일본의 유럽중심사관 보급은 그 좋은 예이다.

'유럽' 대 '비유럽'이라는 세계관은 왜 인간집단의 차이를 넘어 널리 받아들여졌을까? 이것이야말로 역사학자들이 힘을 모아 해명해야할 커다란 문제이다. 지금 필자는 이 문제에 대해 충분히 대답할 준비가 되어 있지 않다. 우선 일본이나 동방유라시아 각지의 '근대화'의 구체적인 국면에 대해 고민하면서 이 물음에 대한 답을 생각해가고자 한다.

과학의 존재
:

그렇지만 현 단계에서도 부분적인 회답은 가능하다. 그것은 이 세계관을 지탱하고 크리스트교를 대신해 인간과 세계를 이해하는 방법을 설득력 있게 제시한 과학(인문·사회계, 자연계를 통틀어서)의 존재이다.

19세기에는 주로 북서유럽과 미합중국의 과학적 발명으로 인해 교통과 통신 수단이 비약적으로 발달했다. 그 결과 '유럽'이라는 개념과 그것과 관련된 가치, 제도, 기술, 지식이 세계 전체로 신속하게 전해졌다. 강력한 군함과 무기, 대량 생산된 고품질의 값싼

제품, 전기를 사용한 편리한 기구 등 '유럽'인의 지혜와 과학을 상징하는 물건에 맞닥트리거나, 수식을 사용한 정확하고 설득력 있는 자연과학 이론에 접하게 되면 많은 '비유럽'인은 '유럽'의 우위를 인정하고 '유럽'적 세계관과 가치(인문·사회계의 과학이 그것을 보장했다!)를 받아들일 수밖에 없었을 것이다.

단 이런 설명에는 두 가지 유보가 필요하다. 하나는 에도시대 말기나 메이지 시기의 일본에서 보다시피 '유럽'의 기술, 지식, 성치경제적 제도 등이 있는 그대로 받아들여진 것이 아니라는 점이다. '유럽' 모델을 참고하면서도 각 사회에 존재하던 비슷한 제도를 활용하거나 부분적인 개량을 가한 경우가 많았다. 이러한 사정은 지리적 의미의 유럽 국가들에서도 마찬가지였다.

예를 들어 18세기에서 20세기에 걸쳐 '대학(university)'이라는 교육·연구 제도가 세계 각지에서 정비되어 간다. 그러나 대학이라는 이름은 같아도 조직, 재무, 운영 방식 등은 나라마다 다종다양하다. 프랑스는 거의 국립대학밖에 없는 데 비해 미국은 국립대학이 없다. 일본의 교수회는 학부 운영 전체에 대해 책임을 지고 학부장과 학장을 선출하는 강력한 권한을 갖고 있지만, 미국이나 프랑스의 유력 대학에는 그러한 의미의 교수회는 존재하지 않는다. 학장과 학부장은 자문위원회의 지명에 의해 결정된다. 중국 대학의 최고책임자는 공산당 간부인 경우가 많다. 이상적이고 궁극적인 대학 모델이 어딘가에 존재하고 있는 것이 아니다.

두 번째 유보는 세계의 모든 지역이 '유럽'화된 것은 아니라는 점이다. 아프리카와 오세아니아의 인간집단이 그렇지만, '유럽'적 가치와 제도에 그다지 매력을 느끼지 못하는 사람이나 그것을 받아들이기 힘든 사회체제를 가진 사람들도 있었다. '유럽' 개념의 확대는 세계적 규모로 각 인간집단에게 커다란 영향을 미친 점에서 매우 특이한 현상이지만, 각 인간집단이 스스로의 의지에 따라 그 가치와 제도를 도입하거나 또는 도입하지 않았다는 점에서는 그때까지 세계에서 일반적이었던 문화교류의 원칙에서 벗어나지 않았다고 말할 수 있다. '비유럽' 나라들 중에서 일본은 매우 적극적으로 '유럽' 개념과 세계관을 받아들인 편이라는 사실을 강조해두자.

한편 우리는 자기와 남을 구분하고 자신들의 우위를 확신한 19세기 이후의 '유럽' 사람들의 자의식에도 착목해야 한다. 자신들이야말로 인간의 역사의 최첨단에 서있다고 자부한 '유럽'인들은 보편적인 가치를 '비유럽' 사람들에게 전해 '비유럽'을 자신들과 같은 지평까지 끌어올리는 것을 스스로의 사명이라고 생각했다. 소위 '문명화의 사명'이다. 19세기에서 20세기 초의 북서유럽 국가들은 '유럽'의 가치를 받아들이려 하지 않는 인간집단에 대해서 경우에 따라서는 그것을 강제하기에 충분한 군사력과 경제력을 소유하고 있었다. 그러한 의지가 극단적인 형태를 취한 것이 군사적인 제압이나 식민지화로 나타났다고 이해하면 될 것이다.

내셔널리즘과의 거리

:

이 장의 서두에서 말한 것처럼 지구사회의 세계사를 실현하기 위해서는 먼저 19세기 전반에 이르기까지의 '유럽'사 이해를 쇄신하는 데 전력을 기울여야 한다. '유럽'이 하나의 개념에 지나지 않으며 그것이 다른 것과 구별되어 독자적인 과거를 밟아온 것이 아니라는 점이 밝혀지게 되면, 19세기 후반 이후부터 현대에 이르기까지의 세계사 서술 방법은 근본적으로 달라질 것이다.

하지만 현실적으로 시대가 현대에 가까워지면 질수록 지구사회의 세계사를 묘사하기 어렵게 된다. 세계 각지에서 국민을 단위로 한 주권국가끼리의 분쟁이 사람들의 뇌리에 생생한 기억으로 박혀있기 때문이다. 국민국가 시대에 국가의 역사는 국민의 공유물이다. 식민지에서 독립한 사람들은 식민지 종주국의 '폭정'을 그리 간단히 용서할 수 없다. 세계는 하나라고 태평스럽게 이야기하고 있다고 비난할지도 모른다. 국민국가에 강한 귀속의식을 가진 사람의 입장에서 보면 충분히 그렇게 말할 수 있다.

그러나 오늘날 우리는 국민국가를 절대시하고 그 입장만을 중시할 수는 없다. 한편에서는 자신의 나라에 귀속의식을 가지면서도 다른 한편에서는 지구사회에서 살며 이해관계를 공유하는 지구시민이라는 의식도 함께 키워가야 한다. 이 두 가지 의식의 균형이 중요하다.

따라서 새로운 세계사는 국가 간의 분쟁에 대해 이야기할 때도 내셔널리즘을 발동시키지 않고 한 발 물러선 위치에서 전체를 조망하는 서술이 되도록 노력해야 한다. 그 서술은 19세기에서 20세기에 걸쳐 세계의 많은 지역에서 내셔널리즘과 국민국가가 힘을 가지게 된 결과 새로운 사회질서와 정치체제를 갖춘 인간집단이 다수 탄생하고 사람들이 '~인'이라는 새로운 귀속의식을 갖게 된 점 등을 이야기하는 한편, 그러한 내셔널리즘이 하나의 원인이 되어 인간집단 사이에 격렬한 싸움이 세계 각지에서 일어난 사실을

3설명하는 흐름이 될 것이다.

　몇 년 전 북서인도의 수라트와 남중국의 취안저우(泉州)라는 항구도시를 방문한 적이 있다. 수라트는 17세기에, 취안저우는 13~14세기에 번영했지만 그 뒤 경제적 쇠퇴기에 접어들었다는 것이 일반적인 이해이다. 그러나 실제로 마을을 방문하여 그곳에 남아 있는 19세기 말 혹은 20세기 초에 세워진 것으로 보이는 호화로운 주택들을 보고 매우 놀랐다. 현지 건축양식에 서구풍의 장식이 미묘하게 접합되어 있었다. 세운지 100년이 지나 관리가 제대로 이루어지지 않은 건물은 거의 폐허가 되다시피 했지만 옛날을 방불케 하는 아름다운 건물들도 많이 남아 있었다(그림 5).

|그림 5| 수라트의 저택(왼쪽)과 취안저우의 저택(오른쪽)

20세기 초의 건물로 여겨진다. 아치나 발코니와 같은 서양풍 장식이 눈에 띄는 건물.

19세기 말에서 20세기 초라면 인도는 영국의 식민지였고, 중국은 청조 말기의 혼란기였다. 종래의 세계사 이해에 따르면 이 시기는 인도나 중국에게 있어서 '암흑'기에 해당한다. 필자는 이런 저택을 세우고 그곳에 살았던 사람은 도대체 누구일까 궁금했다. 영국인을 비롯한 구미 사람이 아닌 것은 분명했다. 당시 두 마을은 그들에게 중요한 거점이 아니었기 때문이다. 숫자가 한정된 구미계 주민이 그토록 대량의 주택을 필요로 할 리도 없었다. 역시 유력 현지인들의 주택일 가능성이 높았다. 마을 사람들에게 묻거나 일본으로 돌아와 관련 서적을 찾아본 결과, 수라트의 경우는 면직물을 수출하는 상인이나 동남아시아 각지와 무역을 하는 무역상이, 취안저우의 경우는 동남아시아로 건너간 화교 가운데 유력자가 그러한 주택을 세운 사실을 알 수 있었다. 제국주의 시대의 전성기였던 19세기 말에서 20세기 초의 아시아해역에서 '비유럽'인들 가운데 교역을 통해 부를 축적한 사람도 일부 있었던 것이다.

내셔널리즘을 중시하는 종래의 일국사나 그것들을 합쳐놓은 세계사가 이러한 사람들에 대해 주목하는 경우는 거의 없었다. 간혹 있다 하더라도 구미 식민지주의에 협력한 사람, 매판 등 부정적인 딱지가 붙는 것이 보통이었다. 지배자인 구미와 피지배자인 인도와 중국이라는 이항대립으로 역사를 파악했기 때문이다.

내셔널리즘이 국민국가 건설에 크게 공헌했고 지금도 국민통합의 중요한 요소라는 사실을 새로운 세계사도 반드시 명기해야 한다. 그러나 같은 입장에 서서 세계사를 해석하고 묘사하는 일은 피하는 것이 좋다. 당시의 실태는 식민지 지배자와 피지배자의 단순한 대립이라기보다 더욱 복잡한 것이었음에 틀림없기 때문이다.

식민지와 비대칭성

:

또 하나 개인적인 체험을 이야기하도록 하자. 에도시대의 나가사키는 유일하게 대외무역이 허락된 항구도시였다. '서양'의 지식과 상품은 네덜란드인이 먼저 나가사키로 들여온 이후 일본 국내로 흘러들어갔다. 실제로는 18세기 말까지의 나가사키는 거의 중국무역을 위한 도시였지만 여기서는 그 점에 대해 묻지 않는다. 어쨌건 오늘날 나가사키라고 하면 네덜란드를 떠올리는 것이 일반적이다. 나가사키 사람들은 자신들의 마을과 네덜란드와의 관계를 자랑스럽게 생각하고 있고, 일찍이 네덜란드인이 격리되어 거주했던 데지마(出島)는 지금 19세기 초의 모습으로 복원되어 관광명소가 되어 있다.

수년 전 인도네시아의 자카르타를 방문했을 때 필자는 구 네덜란드 동인도회사의 본거지였던 바타비아 터를 찾았던 적이 있다. '동양의 여왕'이라 일컬어지던 마을의 현재 모습을 알고 싶었기 때문이다. 예전의 바타비아의 일부는 서민들이 사는 마을의 한 지구로서 겨우 명맥을 유지하고 있을 뿐이었다. 도로와 운하는 쓰레기와 악취로 넘쳐나고, 당시 아름다웠을 건물은 빛을 바래 금방이라도 무너져 내릴 것만 같았다. 필자는 문득 데지마를 머리에 떠올리며 동행한 인도네시아 경제사를 전공하는 동료에게 "여기도 데지마처럼 옛 모습을 복원시켜 관광지로 하면 조금은 활성화될 것"이라고 중얼거렸다. 동료는 놀란 얼굴로 필자를 바라보며 "무슨 소리를 하는 것입니까. 그런 일을 인도네시아 사람들이 용서할 리 없습니다. 여기는 네덜란드 식민지 지배의 거점이었기 때문입니다"

라고 말했다.

   필자는 자신의 경솔함과 몰이해를 부끄러워하면서 지구상의 모든 사람이 납득할 수 있는 세계사를 이야기하는 작업이 얼마나 어려운 일인지 깨달았다. 일본에서 네덜란드는 서양의 근대문명을 일본에 전한 나라로서 호의적으로 평가된다. 이에 반해 인도네시아 사람들의 네덜란드에 대한 평가는 일반적으로 부정적이다. 그러나 낭시 네덜란드 동인도회사 사원들의 행동은 나가사키나 바타비아에서 큰 차이가 없었을 것이다. 그들은 어디서도 회사와 자신들의 이익을 생각하며 일하고 있었을 것이기 때문이다. 19세기 이후 인도네시아를 식민지화한 것도 네덜란드에게는 네덜란드 나름의 명분이 있었을 것이다.

   같은 인간집단의 활동도 보는 각도나 입장에 따라 극단적으로 달리 평가된다. 이런 것이 근현대사의 어려움이다. 네덜란드와 인도네시아인의 관계는 일본과 한국인의 관계와 비슷하다. 식민지시기의 양자 간의 명백한 비대칭성을 지구사회의 세계사로서 어떻게 서술하면 좋을까? 네덜란드가 동인도(현재의 인도네시아)를 식민지화한 사실을 서술하고 그로 말미암아 무엇이 어떻게 변했는지 또 그것은 세계사적 문맥에서 어떤 의미가 있었는지를, 어느 쪽의 입장에도 서지 않고 그러나 모두의 입장을 배려하면서 주의 깊게 설명하는 방법밖에 없을 것이다. 이러한 점은 기본적으로 일본, 한국, 중국의 경우도 마찬가지이다. 개별적인 사례를 들어 해설함과 동시에 그것들을 서로 비교하여 세계 전체를 구조화하는 작업도 함께 시도해야 한다.

   서방유라시아의 한 예로 20세기에 두 번의 대전을 치른 독일과 프랑스의 학자들이 제2차 세계대전 이후의 현대사에 관하여 독불 공통 역사교과서를 만들고 있다. 발칸반도에서도 같은 시도가 시작되었다고 한다. 이러한 현상은 나라마다 서로 다른 역사 해석을 극복하려는 시도로서 주목할 만하다. 하지만 역사학자가 국가를 짊어지고 논의해본들 전원이 합의할 수 있는 결론을 도출해내기는 어렵다. 일본과 중국, 일본과 한국의 정부 간의 합의로 시작된 역사공동연구도 순조롭게 진행되고 있다고는 말할 수 없다.

동방유라시아에 관해 이야기하면 현재 민간 차원에서 한중일의 역사 연구자가 공동으로 '동아시아 근현대사'를 진지하게 논의하고 있는 중이다. 그 성공 여부는 국가라는 간판을 걷어치운 역사학자들이 역사학적 방법에 얼마만큼 신뢰를 보내고 또 지구사회의 일원으로서 얼마나 진지하게 과거를 해석하고 논의하는시에 달려 있다. 이러한 시도가 잘 진행되면 새로운 세계사를 서술할 때 중요한 힌트를 얻을 수 있을 것이다. 필자는 세계 각지에서 일어나고 있는 여러 가지 시도에 큰 기대를 걸고 있다.

성장·확대라는 함정
:

마지막으로 현대 세계가 안고 있는 중대한 문제인 경제적 격차에 관해서도 한 가지 전망을 해두자. 이념으로서의 '유럽'은 경제적 성장·확대를 플러스 가치로 생각했다. 물질적인 풍요로움과 편리한 생활을 위한 설비나 기구를 계속 생산해내는 과학기술 또한 '유럽'의 정(正)의 가치의 하나였다. 경제적 성장·확대와 국민의 물질적 풍요로움을 중시하는 인간집단의 국가는 '유럽'의 정치경제 제도를 적절히 받아들이면서 경제 규모의 확대와 풍족한 생활을 지향했다.

그런 한편 이 세상에는 자신들의 생활에 반드시 그러한 요소를 요구하지 않는 사람들도 있었고, 급하게 받아들이려 해도 정치경제적 제도나 사회의 인프라가 그것을 허락하지 않는 인간집단도 존재했다. 그러한 집단은 결과적으로 경제성장이나 물질적 측면에서 '유럽'적인 것을 도입한 인간집단에 비해 열등한 입장에 처하게 되었다. 그것이 오늘날의 남북문제의 기원이다.

하지만 당연한 이야기이지만 어디에 주목하는가에 따라 인간집단에 대한 평가는 달라진다. 세계체제론을 수용하여 자본주의, 경제발전, 물질 등을 지표로 하여 역사를 구상하는 사람은 세계경제의 중심이 어디인지를 중시한다. 이런 관점에서라면 오늘날에는 미합중국의 중심성이 강조될 것이다. 그러나 설사 그렇다손 치더라도 그러한 사실이 곧 인간생활의 모든 면에서 미합중국이 다른 인간사회보다 뛰어나다는 점을 의미하는 것은 아니다. 정신적인 풍요로움, 행복, 사회 안전, 환경에 대한 부하 등, 다른 척도를 사용하면 또 다른 관점이 생겨날 것이다.

경제적 성장·확대와 생활의 풍요로움은 에너지 수요의 확대와 표리의 관계에 있다. 2011년의 동일본대지진으로 우리는 첨단 과학을 동원해 건설한 시설이 자연의 맹위 앞에서 얼마나 무력한지를 통감했다. 충만한 줄만 알았던 우리의 생활이 얼마나 불확실하고 취약한 기반 위에 성립하고 있는지 새삼 알게 되었다. 원자력 발전소는 생활의 풍요로움을 실현하는 에너지를 얻기 위해 건설된 것이다. 그러한 원전이 인간을 향해 발톱을 드러내고 있다. 거의 무비판적으로 과학기술의 진보를 옳은 것으로 여기고 경제적 성장·확대와 물질적 풍요로움을 플러스 가치로 승인해온 우리들의 생활방식 그 자체가 지금 검토의 대상이 되고 있는 것이다. 경제적 성장·확대를 중시하고 풍요로움을 추구하는 국가 간의 경쟁이 19세기부터 오늘날에 이르기까지의 세계사를 움직이는 중요한 요소가 되었다는 점은 틀림없는 사실이다. 오늘날 그러한 가치관에서 한발 물러선 지점에서 세계의 역사를 바라보고 해석하는 일이 절실히 요구되고 있다.

이 책의 주장

:

사람은 여러 집단에 귀속하며 살고 있다. 현대 일본의 경우라면 가족이나 친지, 마을이나 지방자치체, 국가, 회사나 학교, 동창회나 동문회 등과 같은 많은 집단이 존재한다. 일본이라는 국가와 일본인이라는 의식을 중요하게 생각하는 사람도 많다.

일반적으로 이러한 복수의 인간집단은 모두 각자의 역사를 갖고 있다고 여겨진다. 가족에는 가족의 역사가, 대학에는 대학의 역사가, 마을에는 마을의 역사가 있다. 역사를 공유한다는 의식이 사람들의 동류의식을 강화시켜, 결과적으로 인간집단의 응집력이 강해진다. 국가가 의무교육을 통해 일본의 역사를 가르치도록 요구하는 것은 장래의 일본인에게 일본 국민으로서의 의식을 갖도록 하는 조치로서 지극히 당연한 일이다.

이렇게 생각해보면 우리가 지구라는 커뮤니티의 일원이라는 사실을 강하게 의식하고 지구에 대한 귀속의식을 높이기 위해서는 반드시 지구사회의 역사가 필요하다는 것을 알 수 있다. 그것은 일본, 미국, 중국 등의 개별 국가의 역사를 한데 모은 세계사가 아니다. 유럽이나 동아시아와 같은 지역세계의 역사를 하나로 묶은 것도 아니다. 그러한 세계사는 국가나 지역에 대한 귀속의식을 고취시키는 것일지언정 지구시민 의식을 함양하는 데 있어서는 무력하기 때문이다. 지구사회의 역사는 '세계를 하나'로 파악하며 세계 여러 사람들을 두루 살피고 그들의 과거를 묘사하는 것이어야 한다. 그러한 세계사를 새롭게 구상해야만 한다. 이것이 이 책의 주장이다.

하지만 현실의 세계는 주권국가 단위로 구성되어 있고 사람들의 기본적인 귀속단위는 여전히 국가이다. 이러한 상황 속에서 지구사회를 대상으로 하는 세계사를 실현하기란 매우 어렵다. 하지만 도전할 보람이 있는 주제이다. 세계의 앞날을 심각하게 고민한다면 반드시 이루어야만 하는 일이기도 하다. 지구사회의 세계사를 적극적으로 구상해가다보면 곧이어 그것이 커다란 힘이 되어 사람들에게 나아가야할 미래의 모습을 제시하게 될 것이다.

타자로서의 이슬라암세계
:

대학원에서 역사 연구를 처음 시작했을 무렵 필자는 스스로를 사파비왕조의 역사를 연구하는 사람이라고 생각했다. 사파비왕조란 16~18세기에 서아시아의 이란고원을 중심으로 한 지역에서 정치권력을 쥐고 있던 왕조의 이름이다. 20대의 나이에 파리에서 쓴 박사논문은 이 왕조의 정치제도에 관한 것이었다. 그 뒤 점점 관심이 도시나 건축, 다른 중동 지역으로 확대되어, 1990년대에는 '이슬라암세계'의 역사를 연구한다고 자부하게 되었다. 대학 강의나 대중 강연에서 비단 역사뿐만 아니라 이슬라암교와 이슬라암교도 전반에 관해 말할 기회가 늘어났고, 그때마다 필자는 이슬라암교나 이슬라암교도에 대한 일반 사람들의 이해가 잘못되었다는 점, 이슬라암교는 그렇게까지 엄격하고 광신적인 종교가 아니라는 사실, 또 대부분의 이슬라암교도는 지극히 평범하고 양식 있는 사람들이라는 점 등을 반복해서 강조해왔다.

그러나 세상의 '상식'은 전혀 바뀌지 않았다. 그렇기는커녕 2001년 9월 11일의 동시다발테러 이후 이슬라암교와 이슬라암교도를 바라보는 눈은 오히려 악화일로에 있다. 이는 일본만의 현상이 아니다. 구미는 물론 중국이나 한국의 지인들과 이야기를 해봐도 '이슬라암교도는 특수하다'라는 식의 과잉된 반응을 때때로 목격할 수 있다. 필자는 자신의 무력함을 통감하면서 도대체 왜 이렇게 사람들의 상식이 변하지 않는지 그 이유에 대해 심각하게 고민하게 되었다. 그러한 작업의 중간보고가 2005년에 출판한 『이슬라암세계의 창조』였다. 이 책에서 필자는 19세기에 '유럽'에 의해 창조된 '이슬라암세계'라는 개념이 갖는 문제점에 대해 지적하고, 현대 세계에서 일어나는 사건을 '이슬라암세계'라는 말과 안이하게 결부시켜 설명하는 경향에 대해 경종을 울렸다. 이런 주장에 대해서는 나름의 반응이 있어, 신문이나 잡지에 많은 서평이 실렸고 크게 소개되기도 했다. 하지만 안타깝게도 언론계의 설명 방식이나 보도 방법에는 아무런 영향을 주지 못했다.

이 책을 집필할 때는 아직 막연한 생각밖에 없었지만 필자는 지금 문제의 근원을 확실하게 간파한 느낌이 든다. '이슬라암세계'만이 문제가 아니다. 문제는 우리가 거의 무의식중에 받아들여 상식이 되다시피 한 세계 전체에 대한 시각이다.

세계를 지그소 퍼즐에 비유해 보자. '이슬라암세계'는 퍼즐을 구성하는 피스 가운데 한 장이다. '세계'라고 하는 전체 그림은 이미 정해져 있다. 때문에 각 피스의 색깔과 형태는 마음대로 바꿀 수 없다. 어느 한 부분의 색깔이나 형태가 바뀌게 되면 전체 그림을 완성할 수 없기 때문이다. 각 피스의 형태나 색깔에 대해 이야기하는 것은 자유이다. 그러나 그 한 장을 퍼즐에 맞출 때는 전체 디자인과 맞아야 한다. 필자가 사람들의 이슬라암 이해가 잘못됐다고 아무리 주장해본들 세상의 관점이 바뀌지 않는 것은 그 때문이다. 필자가 '이슬라암세계'라는 피스의 디자인과 색깔에 대해서 설명하는 한 사람들은 그 말을 이해하고 "그렇군요. 그런 것이군요"라고 납득한다. 그러나 전체 그림 속에 다시 그 피스를 되돌려 놓으면 사람들의 이슬라암 이해는 본래로 돌아가 버린다. 전체 디자인이 정해져 있기 때문이다.

인문사회과학적 지의 쇄신
:

그렇다면 전체의 디자인은 어떤 것이며, 그것은 어디에서 어떻게 정해진 것일까? 전체 디자인의 기본은 19세기 후반에 이르러 그 모습을 명확하게 드러낸 '유럽' 대 '비유럽'이라는 세계 인식이다. 이후 그것을 받아들인 사람들이 세계 여기저기에서 색깔과 모양을 정교하게 만드는 작업을 계속해왔다. 자기와 남을 구분하여 선진적인 '유럽' 내지 '서양(이것은 북미의 중요성을 의식하는 경우 자주 사용하는 말이다)은 다른 사람들과 다르다고 생각하는 이항대립적인 세계관을 기본적인 구도로 삼고 있다. 프랑스나 일본과 같은 국민국가 시스템도 자기와 남을 준별하는 의미에서 이항대립적인 세계관에 기초하고 있다.

　19세기에서 20세기 초에 걸친 시기에 형성된 인문사회과학 계열의 학문의 대부분은 이 이항대립적인 관점을 내포한 채 이론화·체계화 작업을 진행하고, 정리와 분석이라는 구별을 위한 방법론을 정비하여, 그러한 관점에 입각한 지(知)를 오늘날까지 계속 재생산해오고 있다. 여기서 자세히 언급할 여유는 없지만 이러한 점은 자본주의 '유럽'이 발전단계의 상위에 있고 '아시아적 생산양식'에서 벗어나지 못한 아시아는 뒤떨어져 있다고 생각한 마르크스주의 경제학이나 역사학을 상기해보면 쉽게 이해할 수 있을 것이다. 문학, 철학, 종교학과 같은 인문학 계열의 학문과 정치학, 경제학, 사회학과 같은 사회과학 계열의 학문은 정도의 차이는 있지만 연구의 전제로서 이 비대칭적이고 이항대립적인 세계관을 암묵의 전제로 해왔다. 한편 일본이나 중국과 같은 '비유럽'의 지식인들은 그러한 세계 인식을 받아들인 위에서 자신들의 국가와 국민이 그 속에서 어떤 위치에 놓여있는지에 대해 심각하게 고민해왔다.

　100년 이상에 걸쳐 계속 재생산되어온 세계에 대한 인문사회과학적 지의 총체가 세계를 바라보는 우리의 눈을 꽁꽁 얽어매고 있다. 일반사람들의 세계 인식이 쉽게 변화하지 않는 것도 당연하다. 이 책에서 반복해서 사용한 예이지만 19세기 이래의 세계 인식에 입각한 인문사회과학적 지 속에서 '이슬람세계'의 위치와 역할은 이미 정해져 있다. '타자'로서의 '이슬람세계'는 아무리 설명해본들 '자기'가 될 수 없는 것이다.

　필자가 이 책에서 미진하게나마 시도한 것은 우리의 세계 인식을 구속하고 있는 중요한 요소 가운데 하나인 세계사의 관점을 쇄신하는 일이다. 현대 세계를 이해하려고 할 때 역사는 큰 역할을 한다. 우리가 무의식중에 받아들이고 있는 세계 인식의 기본을 바꾸지 않는 한 막다른 골목에 접어든 현대 세계의 문제는 해결되기 힘들 것이다.

　또 '세계는 하나'라는 표어에 대해서 지나치게 단순하고 감상적이다, 학문적이지 못하다, 세계공화국을 의미하는지, 세계연방인지, 세계합중국인지, 아니면 지역공동체연합을 말하는지, 구체적으로 세계 정치체제의 미래상을 의식하지 않고서 새로운 세계사를 이야기할 수 없다는 비판도 있을 수 있을 것이다. 그러나 이 책에서는 굳이 미래의 구체적인 정치체제에 관해 언급하지 않고 '세계는 하나'라는 표어를 우리들이 실현해야할 공통의 가치로서 제시하는 데 만족하고자 한다. 세계의 미래상은 향후 새로운 세계사에 관한 논의가 활발해지면 저절로 그 모습을 드러낼 것이기 때문이다. 이 책은 논의를 시작하는 단서를 제공하는 것에 불과하다.

　최근 인문학의 영역에서 새로운 세계사 구상과 궤를 같이 하는 움직임이 일어나고 있다. 새로운 세계사와 유사한 생각에 입각한 세계문학 구상이나 국민문학이라는 틀의 상대화, 중국철학, 프랑스사상과 같은 국민국가별로 분류된 철학사상 연구의 재고, 종교나 미 개념의 재검토 등, 새로운 경향의 예는 얼마든지 있다. 이러한 새로운 학문이 커다란 지적 조류가 되어 가시적인 성과를 생산하기 시작할 때 사람들의 세계관은 비로소 바뀌어져갈 것이다.
아직 아득히 멀게만 느껴지지만 필자는 멀리를 내다보면서 동지들
과 함께 힘차게 걸어가고자 한다.

맺음말

    새로운 세계사에 관한 책을 써야겠다고 의식하기 시작한 것은 2005년 7월에 『이슬라암세계의 창조』를 간행한 직후의 일이었다. 책을 집필하는 시점에서 '이슬라암세계'의 역사가 포함되어 있는 세계사의 부자연스러움에 대해 이미 알고 있었기 때문이다. 같은 해 가을에 개최된 사학회(史學會) 대회의 심포지엄에서 예전부터 알고 지내던 나카니시 사와코(中西沢子, 당시 岩波新書編集部) 씨를 만나 "세계사에 관한 것이라면 써보고 싶다"라고 말했던 일을 잘 기억하고 있다.

    그로부터 6년이라는 세월이 흘러버렸다. 결코 허송세월을 한 것은 아니다. '세계사'는 생각보다 강적이어서 좀처럼 좋은 생각이 떠오르지 않았다. 이슬라암세계 하나만으로는 세계사의 두꺼운 벽을 돌파할 수 없었다. 지금 눈앞에 있는 현상을 비판하는 일은 쉽지만 그것을 대신하여 새로운 무언가를 창조해내는 일은 매우 어렵다는 사실도 통감했다. 어쨌건 이 책을 출판하기에 이르러 나카니시 씨와의 약속을 겨우 이행했지만 앞으로 기나긴 길이 남아있다는 사실을 자각하고 있다.

    그동안 일본학술진흥회 과학연구비 조성금을 교부받아 세계사와 관련된 두 개의 공동연구를 주재하고 몇 개의 공동연구와 출판 프로젝트에 참여하는 기회를 얻었다. 많은 학문적 자극을 받았고 자신의 생각을 되돌아보고 세련되게 만드는 귀중한 기회가 되었다. 전부를 다 소개할 수는 없지만 이 책을 구상하는 데 특히 큰 영향을 준 세 개의 프로젝트에 관해 언급해두고자 한다.

먼저 고바야시 야스오(小林康夫) 씨와 나카지마 다카히로(中島隆博) 씨가 이끄는 도쿄대학GCOE '공생을 위한 국제철학교육 연구센터(共生のための国際哲学教育研究センター)'(통칭 UTCP)이다. 지금까지 철학과 거의 접점이 없었던 필자는 국제적으로 개방된 UTCP에서의 몇 번에 걸친 진지한 논의를 통해 철학적 사고와 논의 방법을 일단이나마 알게 되었고, 인문학이 안고 있는 공통의 문제점에 대해서도 생각하기에 이르렀다. 이러한 경험을 이 책에서 얼마만큼 살릴 수 있었는지 의문이지만 UTCP와 관계를 맺음으로써 자신의 시야가 크게 넓어진 것은 틀림없는 사실이다.

다음으로 본문 중에서도 언급한 바 있는 '동아시아의 해역교류와 일본 전통문화의 형성'이라는 공동연구이다. 이 공동연구는 중국, 조선, 일본에 대해 연구하는 백 명이 넘는 인문학 연구자를 규합한 대형 프로젝트였다(대표는 고지마 츠요시(小島毅) 씨). 그 가운데 몇 안 되는 비 동아시아연구자였던 필자는 공동연구를 통해 처음으로 '중국'에 대해 생각할 기회를 얻었고 '동아시아'라는 문제를 의식하게 되었다. 또 동료들과 함께 해역사의 방법에 대해서도 깊이 생각할 수 있었다.

세 번째는 현재 출판이 진행 중인 『미네르바 세계사 총서(ミネルヴァ世界史叢書)』의 편집위원회이다. 아키타 시게루(秋田茂)

씨, 나가하라 요코(永原洋子) 씨, 미타니 히로시(三谷博) 씨, 미나미즈카 신고(南塚信吾) 씨, 모모키 시로(桃木至朗) 씨 등과 필자는 이 위원회에서 몇 번에 걸쳐 새로운 세계사의 의의와 방법에 대해 열띤 토론을 벌였다. 이 즐겁고 귀중한 경험으로부터 필자는 많은 새로운 발상을 얻었고 그 일부를 본서에 포함시킬 수 있었다.

또 한 가지, 근무처인 도쿄대학 동양문화연구소의 소장으로서 푸단대학 문사연구원과 프린스턴대학 동아시아연구소와의 학술교류 컨소시엄 창설과 관련해 거자오광(葛兆光) 원장과 벤저민 엘만(Benjamin Elman) 소장과 가까워질 기회를 얻을 수 있었던 점도 중요하다. 두 사람 모두 동아시아 역사 연구 분야에서 세계적인 학자로, 심포지엄에서의 그들의 보고와 발언을 통해 실로 많은 것을 배울 수 있었다.

이 책을 완성하는 데 직접 도움을 준 사람들에 대해서도 소개하도록 하자. UTCP에서 알게 된 젊은 연구자 나이토 마리코(內藤まりこ) 씨는 매끄럽지 못한 초고를 읽고 잘못된 부분을 지적하고 귀중한 제언을 해주었다. 진심으로 감사한다. 가네하라 노리코(金原典子) 씨와 데라다 유키(寺田悠紀) 씨에게는 초교 단계에서 원고에 관해 의견을 구했다. 좁은 의미에서의 역사 연구자가 아닌 두 사람은 필자가 경시한 의문점을 놓치지 않았다. 그녀들의 예리한 지적을 모두 반영시킬 수는 없었지만 진지한 조언에 감사한다. 신서(新書) 편집부를 떠난 나카니시(中西) 씨를 대신하여 이 책의 편집을 담당해 준 사람은 나가누마 고이치(永沼浩一) 씨이다. 정확한 판단과 조언 그리고 신속한 작업에 감사드린다.

그 외 근무처인 도쿄대학의 동료, 현재 진행 중인 연구프로젝트 '유라시아의 근대와 세계사 서술'의 연구자들을 비롯하여 실로 많은 사람들로부터 시사와 조언을 얻을 수 있었다. 여기서 한 분 한 분의 이름을 열거할 수 없지만 진심으로 감사를 표하고 싶다.

이 조그마한 책이 세계사의 관점과 연구방법, 나아가 우리들의 세계 인식에 관한 논의를 활성화시킬 수 있기를 바라마지 않는다.

2011년 9월
하네다 마사시

'아시아 교역권론'의 역사상*

: 일본사를 중심으로

이수열

1. 서론

1980년대에 일본 학계에 등장한 '아시아 교역권'(이하, 아시아 교역권으로 표기) 논의는 기존 연구에 보이는 유럽중심주의, 국가 중심사관, 육지사관 등을 비판하며 근대세계체제에 대한 아시아의 상대적인 자립성과 유럽적 근대와는 구별되는 아시아 독자의 근대화 가능성을 모색하고자 하는 지적 움직임이었다. 아시아 교역권

---

* 이 논문은『한일관계사연구』제48집(2014년 8월)에 게재한 것으로, 약간의 가필과 수정을 가해 '역자 후기'를 대신해 여기에 수록한다. 근대역사학의 자명성이 해체된 이후, 세계 곳곳에서는 기왕의 역사학의 존재형태에 대한 비판과 앞으로의 역사학의 방향에 대한 다양한 논의가 있었다. 1980년대에 일본 학계에 등장한 아시아 교역권 논의 또한 그러한 상황과 무관하지 않다. 기존의 역사학에 보이는 방법론적 문제점을 지적하며 근대세계체제에 대한 아시아의 상대적인 자립성을 모색하고자 하는 아시아 교역권론은 많은 부분에서 현재의 역사학계와 문제의식을 공유하고 있다. 하지만 그것은 동시에 일본자본주의에 대한 적극적인 평가, 즉 근대일본에 대한 긍정적인 평가와 1980년대 이후 아시아의 경제발전에 대한 인식론상의 전환을 지향하는 이데올로기적 성격을 강하게 내포하고 있다. 새로운 역사상의 정립을 위해 다양한 방법론이 모색되는 것은 바람직한 현상이지만 그런 만큼 새롭게 제출된 역사상에 대해서는 더욱 의식적일 필요가 있을 것이다. 이 논문이 일본의 새로운 동아시아 역사상에 대한 비판적인 고찰로서 읽히기를 바란다.

의 내용은 각 논자의 학문적 영역이나 문제의식에 따라 서로 다르지만, 그중에서도 하마시타 다케시(浜下武志)의 논의는 체계적이고 세련된 내용은 물론 국제적 지명도에 있어서도 가장 널리 알려진 학설이라고 할 수 있을 것이다. 그에 따르면 아시아는 크게 세 권역으로 분류가 가능하다. 즉, 중국을 중심으로 하는 조공관계로 유지된 중심＝주변 관계, 인도 아대륙 및 그 주변에 만들어진 연합체적 지역질서 그리고 종교적 이념으로 체현된 이슬람 지역질서가 그것들이다.[1] 이러한 광역적이고 다중심적인 아시아 교역권을 해역, 역권, 교역도시들이 연결하고 있었고, 청국 상인, 화교, 인교, 이슬람 상인, 지방상인(country traders) 등이 상인 주체로 활동하고 있었다. 조공무역시스템이 상기 세 교역권 가운데 주로 첫 번째에 해당하는 것은 물론이다. "조공은 아시아 역내 그중에서도 동아시아 무역망이 생기는 전제이며, 조공무역에 따른 민간교역의 확대를 촉구함과 동시에 아시아 역내교역의 주요 루트를 형성했다."[2] 이렇게 이야기하는 하마시타의 논의의 초점은 간단히 말해 조공권은 정치권임과 동시에 교역권(＝경제권＝銀 유통권)이었고, 조공무역에 나타나는 전근대 광역 경제 질서의 전체가 아시아 근대사 형성의 전제 조건이었다는 것이다. 조공무역시스템에 관해서는 나중에 다시 언급하기로 하고 여기서는 우선 아시아 교역권 논의의 등장 과정과 문제의식 그리고 그에 대한 국내외 학계의 평가에 대해 소개하도록 하자.

---

[1] 浜下武志, 『香港 アジアのネットワーク都市』, ちくま新書, 1996, 71쪽(하세봉 외 역, 『홍콩』, 신서원, 1997).
[2] 浜下武志, 『朝貢システムと近代アジア』, 岩波書店, 1997, 95쪽.

아시아 교역권 논의가 가시화된 것은 일본의 사회경제사학회(社会経済史学会)가 1984년도 전국대회의 공통주제를 "근대 아시아 무역권의 형성과 구조-19세기 후반~제1차 세계대전 이전을 중심으로"로 결정하면서부터였다.3) 대회를 계기로 활성화된 논의는 1989년도 사회경제사학회 전국대회에서 다시 거론되는 전개를 보였다.4) 1989년 대회의 분위기와 발표 내용은 하마시타 다케시와 가와카츠 헤이타가 편집한『アジア交易圏と日本工業化 1500-1900(新版)』5)을 통해 어느 정도 가늠할 수 있는데, 그중에서도 하마시타와 가와카츠가 공동으로 집필한 서문(「序」)에는 아시아 교역권 논의의 문제의식이 고스란히 나타나 있다. 두 사람은 먼저 현대에 이르기까지 아시아 경제의 역사적 전개과정을 생각하는 데 있어 근대 아시아 경제사는 물론 그 토대를 이루는 16~18세기의 근세 아시아 경제사 연구가 필수적이라고 역설한다. 그리고 양인은 웨스턴 임팩트를 강조하는 기왕의 연구가 근현대 아시아의 역사를 서구세력의 진출과 그에 대한 아시아의 대응이라는 서구중심적 관점에서 파악해 왔고, "아시아에서 최초로 공업화 국가가 된 일본의

---

3) 대회에서는 쵸두리(K. N. Chaudhuri)「アジア貿易圏における前近代貿易から植民地貿易への転換 1700-1850―一つの解釈」, 스기하라 가오루(杉原薫)「アジア間貿易の形成と構造」, 하마시타 다케시「近代アジア貿易圏における銀流通」, 가와카츠 헤이타(川勝平太)「アジア木綿市場の構造と展開」, 쓰노야마 사카에(角山栄)「アジア間米貿易と日本」등의 발표가 있었다.
4) 1989년 대회의 공통주제는 "아시아 역내교역(16세기~19세기)과 일본의 공업화"였다. 하마시타「中国の銀吸収力と朝貢貿易関係」, 가와카츠「日本の工業化をめぐる外圧とアジア間競争」, 나가즈미 요코(永積洋子)「一七世紀の東アジア貿易」등의 발표가 있었다.
5) 浜下武志, 川勝平太 編,『アジア交易圏と日本工業化 1500-1900(新版)』, 藤原書店, 2001.

경제발전을 분석할 때도 역시 구미 공업사회 따라잡기(catch up)라는 역사관이 암묵의 전제"[6]로 작용하고 있다고 말한다. 기존의 연구를 이렇게 비판하는 하마시타와 가와카츠는 "〔근세 아시아〕의 내부로부터〔근대 아시아〕의 다이너미즘의 동인을 찾아내는 어프로치"[7]의 필요성을 강조하며 시기적으로는 근세와 근대의 연속성을, 공간적으로는 동아시아와 동남아시아 간의 교역관계를 다면적으로 파악할 것을 제안했다. 이러한 작업이 선제될 때 "일본공업화와 그것을 가능케 한 환경적 제 조건"[8]이 비로소 밝혀질 것이라고 두 사람은 생각했기 때문이다.[9] "유럽세력의 아시아에 대한 임팩트는 (화교나 인교 상인의 네트워크를 — 인용자) 이용하는 형태로, 다시 말해 그 위에 올라타는(上に乗る) 형태로 세력을 구축했다고 볼 수 있다. 유럽세력은 결코 아시아에 새로운 것을 만들면서 등장한 것은 아니었다."[10] 이 같은 하마시타의 발언은 아시아사의 내적 구성요인과 동인을 밝혀냄으로써 "아시아 측에서 서구를 역으로 조명"[11]하려는 강렬한 문제의식에서 비롯하고 있었다.

유럽중심주의의 극복과 함께 아시아 교역권 논의를 관통하는

---

6) 같은 책, 10쪽.
7) 같은 책, 10쪽.
8) 같은 책, 11~12쪽.
9) 아시아 교역권 논자들은 종래 주로 사용되던 '일본자본주의' 대신에 '일본공업화'라는 말을 사용하는 경우가 많다. 전후 일본의 사회과학의 극복과 근대일본에 대한 역사적 평가의 수정을 지향하는 그들에게 '일본자본주의'는 지나치게 마르크스주의적이고 근대일본의 경제발전을 부정적으로 묘사하는 용어였을 것이다.
10) 浜下武志, 앞의 책, 『香港』, 26쪽.
11) 浜下武志, 『近代中国の国際的契機 朝貢貿易システムと近代アジア』, 東京大学出版会, 1990, 3쪽.

또 하나의 문제의식은 내셔널 히스토리의 상대화였다. 하마시타가 보기에 지금까지의 전근대 경제사 연구는 "'근대'로의 전개를 전제로, 근대를 강하게 의식한"[12] 것이 대부분이었다. 국가와 국민경제를 전제로 한 기존의 연구방법론은 각국사(各國史)와 2국 간 관계사를 기초로 한 국제경제사를 낳았지만, 그것들은 "경제적 실태로서의 중소 규모의 지역경제나 국경을 넘어선 규모로 기능하는 경제적인 역권"[13]에 대해서는 설명이 불가능한 약점을 갖고 있었다. 그가 '국가'와 '국제' 사이에 위치하는 "역권(域圈)", 다시 말해 '국민경제'와 '세계경제'를 매개하는 "역권경제"[14]에 주목하는 것도 내셔널 히스토리를 전제로 한 지금까지의 경제사 연구를 극복하기 위해서였다.

기왕의 역사학에 보이는 방법론적 문제점을 지적하고 더 나아가 아시아의 근현대사를 내재적 시점에서 바라볼 것을 주장하는 아시아 교역권 논의에 대해서는 일본 국내는 물론 한국 학계에서도 여러 가지 평가가 존재한다. 아시아 교역권 논의를 "일본사회의 변화에 대한 진보적인 역사학계의 능동적 대응"이자 "구미로부터의 일본 학계의 명실상부한 자립의 지표"[15]로 높이 평가하는 예가 있는가하면, 또 한편에서는 일본의 공업화를 중화적 질서에 대한 도전으로 바라보는 관점, 즉 "일본이 중화를 탈취하려 한 프로세스가 곧 일본의 근대화였다"[16]는 하마시타의 주장을 들어 "이 아시아

---

12) 浜下武志, 「中國の銀吸收力と朝貢貿易關係」, 浜下, 川勝 編, 앞의 책, 『アジア交易圏と日本工業化』, 22쪽.
13) 같은 논문, 23쪽.
14) 浜下武志, 앞의 책, 『近代中國の国際的契機』, 25쪽.
15) 하세봉, 「80년대 이후 일본학계의 "아시아 交易圏"에 대한 논의 – 학문적 맥락과 논리를 중심으로」, 『중국근현대사연구』 2, 1996.

교역권론은 다름 아닌 대동아공영권에 면죄부를 주는 것이나 다름 없지 않은가?"[17])라고 비판하는 경우도 있다.[18]

　아시아 교역권 논의는 유럽중심주의의 극복, 아시아사의 내재적 파악, 단선적 근대화를 상대화하는 다양한 발전 경로 모색, 육역사관을 비판하는 해역사(海域史) 연구방법론, 내셔널 히스토리의 상대화, 국가에 포섭되지 않는 역권과 지역의 중시 등, 많은 부분에서 기존의 역사학의 문제점과 한계를 극복하려는 현재의 역사학계와 문제의식을 공유하고 있다. 그렇기 때문에 한국 학계에서도 지지를 받는 경우가 많았다. 그러나 아시아 교역권 논의를 순수학문적 동기에서 비롯한 경제사 연구로 치부하는 일은 매우 위험하다고 할 수 있다. 이하에서 구체적으로 살펴보겠지만, 일본의 공업화에 대한 평가의 문제에서 볼 수 있듯이 아시아 교역권 논의는 교역권 그 자체에 대한 실증적 연구이면서도 동시에 일본자본주의에 대한 적극적 평가와 1980년대 이후 아시아의 경제적 발전에 대한 인식론상의 전환을 지향하는 이데올로기적 이론의 성격을 강하게 지니고 있었다. 근현대 아시아의 역사 속에서 일본이 수행했던

---

16) 浜下武志, 앞의 책, 『近代中国の国際的契機』, 40쪽.
17) 박혁순, 「일본의 아시아交易圈論에 대한 비판적 검토－동아시아담론에 대한 역사적 접근의 시도로서」, 『아시아문화연구』(목포대 아시아문화연구소)2, 1998.
18) 아시아 교역권 논의에 대한 대조적인 평가는 일본 국내의 경우도 마찬가지이다. 예를 들어 논의를 적극적으로 수용하는 연구자 중 한명인 가고타니 나오토(籠谷直人)는 「アジアの中で日本を捉える」(川勝平太 編, 『グローバル・ヒストリーに向けて』, 藤原書店, 2002) 안에서 근대일본과 아시아의 관계를 '지배와 피지배'라는 수직적인 관계가 아니라 아시아 간 교역이라는 횡적인 관련성 속에서 파악하려는 논의가 "무언가 '위험한' 논의라는 인상"(87쪽)을 주고 있다는 점을 인정하고 있다. 일본 학계의 논의에 대해서는 강진아, 「시대와 공간의 越境: 일본 중국사학계의 새로운 조류」, 『동아시아역사연구』, 5가 참고가 된다.

역할을 긍정적으로 평가하는 작업이야말로 아시아 교역권 논의의 숨은 주제였던 것이다. 하마시타 다케시는 자신의 중국사 연구가 일본 근현대의 역사의식에 대한 강렬한 문제제기[19]라고 밝히면서 "자칫 일본의 직선적인 확장상(擴張像)으로 빠지기 쉬운 현재의 일본 근대역사상 혹은 대중국관계사상"[20]을 수정할 필요성을 강조했다. 아시아사의 근세와 근대를 연속선상에서 파악하고, 동북아시아와 동남아시아의 유기적 역사 관계를 중시하는 그의 입장은 "일중관계의 근현대사를 재검토하는 시점"[21]을 획득하기 위한 수단적 방법론이었다.

이 논문의 목적은 아시아 교역권 논의에서 자타가 공인하는 대표적인 논자들인 하마시타 다케시, 스기하라 가오루, 가와카츠 헤이타 등의 논의를 중심으로,[22] 그들의 이론이 갖는 인식론상의 문제를 주로 일본의 역사상의 경우에 한정하여 생각해보는 것이다. 이러한 작업이 단순히 한 학설에 대한 초월적 비판에 그치지 않는 이유는 아시아 교역권론이 이데올로기적 이론의 성격을 강하게 지니고 있기 때문이다. 지금까지 한국 학계에서는 아시아 교역권론이 현대일본의 사상적 문맥 속에서 어떤 위치를 차지하고 있는지에 대한 분석이나 검증이 생략된 채 단지 그 결론만이 긍정적으로 소개되는 경우가 많았다. 하마시타나 가와카츠의 입론을 "월러스틴 세계체제를 동아시아적 관점에서 진정으로 수정할 수 있는

---

19) 浜下武志, 앞의 책, 『近代中国の国際的契機』, 「はしがき」, iii쪽.
20) 같은 책, 279쪽.
21) 浜下武志, 앞의 책, 『香港』, 61쪽.
22) 후루타 가즈코가 지적하고 있는 것처럼 세 사람은 아시아 교역권론의 기초적 논점을 제시한 연구자들이다. 古田和子, 『上海ネットワークと近代東アジア』, 東京大学出版会, 2000, 201쪽.

길"23)로 높이 평가하는 것은 그 한 예라 할 수 있다. 하지만 그것은 결론에 있어서의 일치에 불과하다. 설사 유럽중심주의의 극복이나 내셔널 히스토리의 상대화라는 문제의식을 공유한다 하더라도 아시아 교역권론은 근세일본의 실상을 실체 이상으로 과대포장하거나 근대 이후 일본자본주의가 수행한 제국주의적 침략을 은폐하는 등 많은 문제점을 내포하고 있다. 본 연구는 아시아 교역권의 역사적 존재 여부를 묻는 실증연구가 아니라 이론 줄현의 사상적 배경과 정치적 의미를 밝히고자 하는 것이다.

2. 에도시대와 일본공업화

(1) '동아시아의 기적' : 이론 출현의 시대적 배경

스기하라 가오루가 밝히고 있는 것처럼 1980년대에 제출된 아시아 교역권 논의의 시대적 배경에는 '동아시아의 기적'이라 불리는 "대상황의 전환"24)이 있었다. 이 점은 "근년의 아시아의 경제적 변화"가 아시아 규모의 경제사를 고찰하는 데 "적극적인 동기를 부여"25)하고 있다고 말하는 하마시타의 경우도 마찬가지였다. 가와

---

23) 박혜정, 「16-18세기 동아시아무역권의 세계체제적 연계성과 비연계성」, 『연동하는 동아시아 · 역사단위로서의 동아시아의 가능성 모색』(역사학회 2013년 하반기 학술대회 논문집).

24) 杉原薫, 「アジア間貿易からグローバル・ヒストリーへ」, 川勝平太 編, 앞의 책, 『グローバル・ヒストリーに向けて』, 22쪽.

25) 浜下武志, 앞의 논문, 「中国の銀吸収力と朝貢貿易関係」, 浜下, 川勝 編, 앞의 책, 『アジア交易圏と日本工業化』, 32쪽.

208 새로운 세계사 : 지구시민을 위한 구상

카츠 헤이타는 '동아시아의 기적'을 바라보며 이렇게 이야기한다.

> "아시아 경제발전의 드라마는 장기 16세기에 일본이 중국의 문물을 배워 그것으로부터 자립해가는 벡터를 전개시킴으로써 막을 열었다. 지금 그 벡터는 일본을 반환점으로 하여 반전하기 시작해, 일본 주변의 아시아 여러 지역을 포섭하면서 중국 내륙부로 향하는 방향성을 보이고 있다. 아시아 500년의 드라마를 움직이는 구동력은 그 기원이 중국에 있고, 일본을 선회 축으로 하여 중국으로 회귀하는 대순환을 그리고 있다."[26]

여기서 이야기하는 "일본의 자립"에 대해서는 다시 언급하기로 하자. 우선 이 문장을 통해 알 수 있는 점은 가와카츠가 현재 진행 중인 '동아시아의 기적'이 장기 16세기 이후의 일련의 경제발전의 한 국면이고, 아시아의 경제발전은 전후 일본의 고도성장을 계기로 다시 반전하기 시작해 주변 아시아 지역을 포섭하면서 중국 내륙부로 향하고 있다는 현실 인식을 갖고 있다는 사실이다. 그의 문제관심은 일본을 선두로 NIES, ASEAN, 중국이 그 뒤를 따르는 아시아의 연쇄적 경제발전 현상을 16세기 이후의 장기적 경제발전 과정 속에 자리매김하고, 16세기도 오늘날도 그 선두에 위치하여 아시아의 경제발전을 견인한 일본의 역할을 정당하게 평가하는 일이었다.[27]

회고해보면 사회과학자 가와카츠 헤이타의 학문의 출발점에는 '동아시아의 기적'과 '경제대국 일본'이라는 상황이 처음부터 존재하고 있었다. 조금 과장되게 이야기해서 그는 그러한 현실을 눈

---

26) 川勝平太, 『「鎖国」と資本主義』, 藤原書店, 2012, 180쪽.
27) 가와카츠에 관해서는 이수열, 「가와카츠 헤이타(川勝平太)의 해양아시아사」, 『해항도시문화교섭학』 제10호, 2014에서 논한 바 있다.

앞에 두고 한 시대의 종언과 새로운 시대의 개막을 감지했다. 상황에 즈음하여 가와카츠는 일본의 근현대를 이하와 같이 회고했다. 부국강병을 국시로 하여 출발한 메이지 일본은 "군사적으로 너무 강하게 되어 서양인에 의해 괴멸되었고", 그 뒤 새롭게 출발한 전후 일본은 '강병'을 포기하고 '부국' 일변도로 나아가 고도경제성장을 실현했다. 그 결과 일본은 지금 "자타가 공인하는 경제대국"이 되었다. 후쿠자와 유키치(福沢諭吉)가 말하는 탈아입구 중 '입구'는 어느 정도 달성된 셈이다. 그에 따라 일본인의 세계관의 구도도 변화해야 한다. 지금까지 일본인의 의식을 지배해온 "선진－구미 vs 후진－일본"이라는 "서양 콤플렉스"28)가 바로 그것이다.

> "지금 그 구도가 힘을 잃어가고 있다. 전후의 오츠카 사학(大塚史学)이나 마루야마 정치학(丸山政治学)의 저작에는 일본의 근대화가 이대로 가서는 위험하다는 위기감과, 그것에 다가가기 위한 사명감으로 뒷받침된 '근대서양'이라는 이념이 숨 쉬고 있었다. 그러나 근대서양의 챔피언이었던 영국의 사양을 바라볼 때 유토피아 혹은 sollen으로서의 '근대서양은 사상누각이다."29)

'동아시아의 기적'과 '경제대국 일본'은 근대서양의 몰락의 또 다른 모습이기도 했다. 그가 보기에 당대 일본의 사회과학은 현존하는 국제질서의 격변에 대응할 수 없을 뿐만 아니라 근대일본의 문명사적 의미를 설명할 수 없었다. 근대서양을 이념으로 설정하

---

28) 이상, 川勝平太, 『日本文明と近代西洋「鎖国」再考』, 日本放送出版協会, 1991, 128쪽.
29) 같은 책, 129쪽.

는 오츠카 히사오(大塚久雄)의 경제사학이나 마루야마 마사오(丸山真男)의 정치학은 이미 시대착오적이었고 그 점은 "근대일본을 지배한 세계관"[30]이었던 마르크스주의의 경우도 마찬가지였다. 이후 그는 기능부전에 빠진 전후 일본의 사회과학을 대신해 아시아의 역사 속에서 일본의 역할을 정당하게 평가하고 일본공업화의 문명사적 의의를 밝히는 데 주력하기 시작했다.

스기하라가 말하는 무역사연구의 새로운 경향도 같은 시대적 상황 속에서 일어난 변화였다.

> "최근의 근대일본 무역사연구는 의견의 차이는 있지만 일본과 아시아의 관련을 지금까지처럼 침략 관계에 수렴시키는 형태로만 보지 않고 오히려 공업화 내지는 경제발전과의 관계에 주목하여 이해하려는 문제의식에 의해 수행되어 온 면이 있다."[31]

지금까지의 일본경제사 연구는 "일본과 아시아간의 관계를 일본의 침략이나 식민지 지배에만 연결시켜 이해하는 경향"이 있었다. 하지만 그러한 이해는 "일본의 공업화가 아시아 국제분업체제 전체(및 그것을 받쳐준 구미열강 주도의 국제질서)를 기반"[32]으로 하고 있었다는 사실을 간과할 위험이 있었다. 일본의 경제적 침략이나 식민지배의 책임이 마치 구미열강 주도의 국제질서에 있는 것처럼 들리는 이 같은 발언을 통해 스기하라가 추구하고자 했던

---

[30] 川勝平太,『文明の海洋史観』, 中央公論社, 1997, 96쪽.

[31] 杉原薫, 앞의 논문, 「アジア間貿易からグローバル・ヒストリーへ」, 川勝平太 編, 앞의 책,『グローバル・ヒストリーに向けて』, 21쪽.

[32] 스기하라 카오루 저, 박기주·안병직 역,『아시아간 무역의 형성과 구조』, 전통과현대, 2002(원저『アジア間貿易の形成と構造』는 1996년에 출간), 3쪽.

것은 "아시아간 무역의 성장 엔진"으로 기능한 "일본공업화의 역사적 의의"에 대한 "전면적인 검토"33)였다.

　　그때까지 주로 메이지정부의 부국강병정책(= 서양화 정책)이나 그것이 야기한 제국주의적 침략과 좌절로 설명되던 일본자본주의의 아시아경제에서의 역할을 '공업화 내지는 경제발전'의 문맥에서 재평가하는 것이야말로 스기하라가 말하는 일본 무역사연구의 새로운 경향이었다. '동아시아의 기적'은, 그것을 16세기 이후 아시아의 연쇄적 경제발전 과정의 한 국면으로 파악하려 했던 가와카츠에게도, 또 일본과 아시아의 관계를 침략이 아닌 "경제발전"의 관계로 재정립하려 했던 스기하라에게도, 그리고 동아시아 지역사를 하나의 유기적 시스템으로 파악하여 새로운 일중근현대사를 수립하고자 했던 하마시타에게도, 사고 전환의 필연성을 일깨워 준 결정적 상황 변화였던 것이다.34)

---

33) 杉原薫,「アジア間貿易と日本の工業化」, 浜下, 川勝 編, 앞의 책,『アジア交易圈と日本工業化』, 246~248쪽.

34) 논자에 따라 그 출발점을 어디에 두는가는 차이가 있지만, 동아시아의 경제적 '재흥'의 동인을 전근대사 속에서 찾는 경향은 일본의 일부 글로벌 히스토리 연구자들에게도 보이는 현상이다. 실제로 본문에서 거론하는 아시아 교역권 논자들은 문제관심의 일치와 이론적 친화력을 매개로 글로벌 히스토리 연구자들과 공동연구를 수행하는 경우가 많다. 秋田茂 編,『アジアからみたグローバルヒストリー「長期の18世紀」から「東アジアの経済的再興」へ』, ミネルヴァ書房, 2013 는 그 제목이 말해주고 있듯이 17세기 후반부터 21세기에 이르기까지 4세기의 걸친 "새로운 세계사상의 구축"을 아시아적 관점에서 시도하고 있다. 그러나 한 지역의 경제적 성장이 과연 역사를 바라보는 시좌와 좌표축의 전환을 가져올 정도로 중요한 현상인지, 역사학의 목적은 어떤 경제 현상을 사후적으로 변증하는 것에 지나지 않는 것인지, '새로운 세계사'는 또 하나의 중심주의를 전제로 하고 있는 것은 아닌지, 의문은 이어진다. 글로벌 히스토리라는 이름의 내셔널 히스토리를 지양하기 위해서라도 비판적 성찰이 요구된다.

(2) 일본의 근세 – 쇄국과 근면혁명

'동아시아의 기적'을 16세기 이후의 일련의 연쇄적 경제발전 현상으로 파악하고 그 가운데서 일본이 수행했던 역사적 역할을 정당하게 평가하는 것이 아시아 교역권론의 숨은 주제였다는 점은 이미 언급했다. 이러한 문제의식에서 볼 때 근세일본의 내부로부터 근대일본의 다이너미즘의 동인을 찾아내는 작업은 절대적으로 필요한 것이었다. 왜냐하면 만약 근대일본의 공업화가 에도시대부터 준비된 것이라는 사실을 증명하지 못한다면 기왕의 연구가 설명하는 것처럼 근대일본의 경제발전은 메이지정부의 부국강병노선에 입각한 급속한 서양화 정책의 결과라는 역사상에서 벗어나지 못할 것이기 때문이다. 바로 이때 등장한 것이 근면혁명(Industrious Revolution)이었다.

근면혁명은 근세일본의 생산혁명과 그 속에서 함양된 일본인의 근로정신을 설명하는 이론으로 제출된 것이었다. 이론의 주창자인 하야미 아키라(速水融)는 지금까지 "빈곤 · 착취 · 쇄국이라는 부정적인 키워드로 덧칠해져"[35] 온 일본의 근세 이미지를 "일본 공업화에서 부정되어야 할 존재가 아니라 충분히 준비가 진행된 시대"[36]로 변환시킬 필요가 있다고 말한다. 이 같은 하야미의 생각이 앞에서 소개한 하마시타나 가와카츠의 문제의식, 즉 일본의 공업화를 서구 따라잡기의 결과로 바라보는 종래의 역사관을 '서구의 충격'과 '아시아의 대응'을 주선율로 하는 유럽중심주의적 역사관

---

[35] 하야미 아키라 저, 조성원 · 정안기 역, 『근세일본의 경제발전과 근면혁명』, 혜안, 2006(원저 『近世日本の経済社会』는 2003년에 출간), 10쪽.
[36] 같은 책, 290쪽.

이라고 비판하며 근세 아시아 속에서 근대 아시아의 원형을 찾아내려는 시도와 궤를 같이 하는 것은 물론이다.

사실 하야미가 말하는 것처럼 에도시대에 대한 이미지는 부정적인 것이 많았다. 중세와 근대의 사이에 끼어있는 애매한 위치는 물론, 전제적 봉건권력, 신분제 사회, 봉건적 수탈, 기근, 농민폭동 등이 주류적인 역사상을 이루고 있었다. 이에 대해 하야미는 "에도시대 일본은 세계사적으로 볼 때, 오로지 국내를 중심으로 하는 장기간의 태평성대를 배경으로 사회적·경제적·문화적인 성숙을 이룬 매우 드문 예"[37]라고 자리매김하며 "에도 시대의 사회적·경제적 경험 가운데 일본의 공업화의 전제가 되고 또 그것을 특징지은 것"[38]을 찾아내고자 했다. 근면혁명론이 그에 대한 해답이었음은 말할 나위도 없다. 하야미는 영국의 산업혁명과 일본의 근면혁명을 아래와 같이 대비적으로 설명한다.

잉글랜드의 산업혁명은 경영면적 확대, 대량 가축 사용, 대형 농기구 도입 등을 통해 노동생산성과 토지생산력을 끌어올린 자본집약형 = 노동절약형 경제발전이었다. 이에 반해 일본의 근면혁명은 자본 비율을 감소시키고 인간의 노동력에 의존하는 고도의 노동집약형 = 자본·토지절약형 경제발전이었다. 근면혁명의 경우 인력이 축력을 대신하여 매우 높은 토지면적당 생산력을 실현했는데, 토지생산력의 증대를 가져온 노동력은 주로 소농으로 대표되는 가족노동력이었다.[39]

---

37) 같은 책, 10쪽.
38) 같은 책, 288쪽.
39) 같은 책, 295~297쪽.

하야미의 근면혁명론은 그가 일본에 처음으로 도입하다시피 한 '역사인구학(historical demography)'적 방법론에 의거한, 근세일본의 인구동태 파악을 통해 얻어진 결론이었다. 간단히 정리하자면 하야미는 슈몽아라타메초(宗門改帳)를 통해 에도시대에 대한 역사인구학적 접근을 시도했고, 그 결과 17세기 일본에서 인구와 경제가 서로 영향을 주고받으며 성장해가는 '경제사회'를 발견했다. 그 사회는 시장이 경제성장을 촉진하고 경제성장이 인구증가를 가능케 하여, 이번에는 지속적인 인구증가가 경제성장을 견인하는 순환적 경제발전 사회였다. 그는 그러한 "대중사회상황" 속에서 일본 "근대화"[40]의 원형을 발견했는데, 근면혁명론은 근세일본의 경제사회화를 가져온 추진력으로 제창된 이론이었다.

　　근세 속에서 "일본 공업화의 전제"를 찾는 하야미의 문제관심은 아시아 교역권 논자들의 그것과 완전히 일치하고 있었다. 따라서 가와카츠가 근면혁명론으로부터 "계시에 가까운 시사를 받았다"[41]라고 사의를 표명하는 것은 과장이 아니었다. 가와카츠는 근면혁명과 일본공업화의 관계를 이하와 같이 설명한다.

　　　"에도시대의 일본인은 완전한 자급적 쇄국체제를 만들기 위해 노력하는 가운데 근면성을 길렀습니다. 영국은 인구가 적은 데다 광대한 신대륙을 획득했기 때문에 자본집약형 생산혁명의 길을 걸었습니다. 일본은 제한된 국토 안에서도 에도시대에 인구가 3배나 불어나 그 인구를 노동력으로 삼아 토지 생산성을 향상시키는 노력, 다시 말해 노동집약적인 '근면혁명'이

---

40) 速水融, 「歴史のなかの江戸時代」, 速水融 編, 『歴史のなかの江戸時代』, 藤原書店, 2011, 49~51쪽.
41) R. トビ, 斯波義信, 川勝平太, 永積洋子, 速水融, 「「鎖国」を見直す」, 같은 책, 210쪽.

라고 하는 생산혁명을 이룩했습니다. 노동집약형 기술개발로 배양된 근면한 정신이 산업혁명을 뒷받침한 것입니다."[42]

　　가와카츠는 근세일본의 소농가족이 신분적 예속에서 "벗어난" 점을 평가하며 "에도시대 농민에게 부여된 격렬한 장시간 노동은 '자립'의 대상(代償)"[43]이었다고 말한다. 이는 에도시대 일본인의 "근면"은 "비자발적"인 것이 아니라 생활의 향상을 목적으로 한 "자발적" 근면이었다고 주장하는 하야미의 생각[44]과 부합한다. 봉건적 수탈과 기근을 체현하는 존재였던 에도시대 농민은 이제 자본주의적 에토스로 무장한 경영주체로 탈바꿈했다.[45] 봉건적 착취계급을 상징하던 쇼군, 다이묘, 무사계급이 경세제민(經世濟民)의 "경영자"로 변신한 것도 같은 문맥에서 생겨난 변화였다.[46]

　　근면혁명론으로부터 힌트를 얻은 가와카츠가 근세일본을 일본공업화의 요람기로 설명하는 데 성공했다면 스기하라 가오루는 근면혁명론을 더욱 일반화시켜 "소농가족경제를 기초로 하는 동아시아형 발전경로"를 "서양형 발전경로"를 상대화하는 또 하나의 보

---

42) 川勝平太, 앞의 책,『「鎖国」と資本主義』, 34쪽.
43) 川勝平太, 앞의 책,『日本文明と近代西洋』, 114쪽.
44) 速水融,『歴史人口学で見た日本』, 文春新書, 2007, 99쪽. 하야미는 근세일본인의 근면은 "고도성장기"까지 이어졌다고 말한다.
45) 하야미의 문하생인 기토 히로시는 鬼頭宏,『文明としての江戸システム』, 講談社学術文庫, 2010(원저는 2002) 안에서 18세기 중엽부터 증가하기 시작한 농민봉기(百姓一揆)를 "자유로운 경제활동의 보장과 더 높은 소득과 이윤을 지향하는 행동"(243쪽)으로 평가하고 있다. 농민봉기의 역사를 이익 분배를 둘러싼 이권다툼 정도로 왜소화하는 이 같은 평가는 일본의 민주주의적 전통을 발굴하고자 했던 '전후역사학'의 문제관심과 커다란 대조를 보이고 있다. 문명론적 에도사회론에서 봉건적 수탈과 빈곤의 문제는 화려한 에도의 이미지에 눌려 주변화될 뿐이다.
46) 川勝平太, 앞의 책,『「鎖国」と資本主義』, 35쪽.

편적 발전경로로 자리매김했다. 스기하라가 보기에 "일본에서 최초로 정형화된 이런 형태의 공업화야말로 공업화의 비유럽 세계로의 파급을 가능케" 한 요인으로, "동아시아형 발전경로"는 신대륙의 방대한 자원에 의존한 "서양형 발전경로"보다 "더 일반적인 발전경로"라고 할 수 있었다.[47) 그는 이렇게 이야기한다.

> "만약 세계의 공업화 패턴을 선진적인 기술이나 경영방식에 초점을 맞추지 않고 고용창출량으로 분류하여 그 상대적 중요성으로 측정한다면 노동집약형 공업화는 서양형에 뒤떨어지지 않는 역사적 역할을 한 것에 틀림없다."[48)

유럽중심적 세계사상의 극복과 일본자본주의의 재평가를 모색하던 스기하라에게 있어서도 근면혁명론은 많은 시사점을 제공하는 학설이었다. 일본이 걸었던 노동집약형 "공업화의 길"은 "서양형 발전경로'를 상대화하는 또 하나의 보편적인 경제발전의 가능성을 제시했고, 스기하라는 그것을 이론적 무기로 삼아 신대륙 발견에 의존한 대서양경제의 공업화 패턴을 보편의 자리에서 끌어내릴 수 있었다. 하지만 그가 말하는 "동아시아형 발전경로"는 그 구체적 내용을 근면혁명론으로부터 차용하고 있을 뿐 여전히 추상적 이론의 영역에서 벗어나지 못했다. 그런 점에서 가와카츠 헤이타의 '해양아시아사'는 일본의 근세와 근대의 연속성을, 그리고 전근대 아시아 교역권과 일본공업화의 내재적 관련성을 가장 체계적

---

47) 이상, 杉原薰, 앞의 논문, 「アジア間貿易からグローバル・ヒストリーへ」, 川勝平太 編, 앞의 책, 『グローバル・ヒストリーに向けて』, 25~31쪽.
48) 같은 논문, 30쪽.

이고 입체적으로 제시한 역사이론이었다.

해양아시아(Maritime Asia)란 대륙아시아를 의식한 표현으로, 환중국해, 환인도양, 동남아시아 도서부를 아우르는 지역을 의미한다.[49] 가와카츠는 해양아시아사에서 일본의 경제발전이 갖는 의미를 이렇게 말한다.

> "해양아시아 최대의 세계사적 사건은 무엇인가? 그것은 말 그대로 해양 아시아의 경제발전이다. 그것을 선도한 것이 일본의 대두이다. '아시아간 경쟁'이라는 개념으로 파악할 수 있는 해양아시아의 다이너미즘에서 세계 사적 의미가 있는 최대의 사건은 '아시아 최초의 공업국가' 일본의 출현이 었다."[50]

가와카츠에 따르면 "쇄국과 대서양경제권은 동등한 문명사적 의의"[51]를 지니고 있었다. 유럽과 일본은 1800년경까지 대 인도무역과 대 중국무역에서 적자를 보이고 있었는데 양자는 거의 같은 시기 흑자로 전환했다. 그것은 "유라시아대륙 서단에 있는 영국과 동단에 있는 일본이라는 두 나라가 동시기에 생산혁명을 이뤄 아시아물산의 자급화에 성공했기 때문"[52]이었다. "유럽으로부터도 일본으로부터도 금, 은, 동을 빨아들이는 거대한 해양아시아교역권의 존재가 영국과 일본에서 제조업을 기초로 한 근대공업사회가 출현하는 불가결의 전제"[53]였던 것이다. 이처럼 근대세

---

49) 川勝平太, 앞의 책, 『「鎖国」と資本主義』, 280쪽.
50) 같은 책, 290쪽.
51) 같은 책, 3쪽.
52) 같은 책, 26쪽.
53) 같은 책, 29쪽.

계시스템과 쇄국은 아시아로부터의 "탈아(脫亞)의 두 형태"[54]였다. 환중국해로부터의 이탈이 일본의 근대화였다면 환인도양으로부터의 이탈은 영국의 근대화였다. 이상과 같은 역사가 존재하기 때문에 "일본과 영국은 새로운 근대문명의 형성자로서 대등한 지위"[55]를 가진다는 것이 가와카츠의 입론의 요지였다. 앞서 소개한 가와카츠의 발언, 즉 장기 16세기에 아시아의 경제발전의 개막을 알린 "일본의 자립"이란 바로 근세일본의 "탈아"를 의미하는 것이었다.

먼저 '동아시아의 기적'이라는 현실이 있었다. 이 연쇄적 경제발전 현상은 16세기 이후부터 지속된 아시아의 장기적 경제발전 과정의 한 국면으로, 16세기도 오늘날도 일본이 그 "선회축"이 된 것은 마찬가지였다. 그러나 진후 일본의 사회과학은 일본의 공업화를 단순히 서구 따라잡기나 제국주의적 침략의 결과로만 바라볼 뿐 눈앞에 펼쳐진 상황의 변화와 16세기 이후 일본이 담당해 온 문명사적 역할을 제대로 설명하지 못했다. 아시아 교역권 논자들이 근대일본의 경제성장을 근세부터 축적된 "생산혁명"의 귀결로 자리매김하며 일본공업화의 재평가를 시도했던 것은 이상과 같은 상황하에서였다. 일본공업화의 요람기로서의 근세일본은 이제 정체와 고립의 이미지에서 벗어나 "메이지 이후 '개국' 일본의 혁혁한 발전을 가능케 한 국내적 조건"[56]으로 재평가되었다. 그에 따라 "에도 암흑설"을 비판하며 근세사연구를 시작한 하야미 아키라는

---

54) 같은 책, 191쪽.
55) 같은 책, 181쪽.
56) 川勝平太, 앞의 책, 『日本文明と近代西洋』, 2쪽.

이제 "에도 예찬설"[57]을 경계하기에 이르렀다.[58]

3. 근대아시아와 일본자본주의

(1) 근대일본과 아시아 교역권

근대일본의 경제발전을 " '쇄국'이라는 완전자급체제로의 노력"[59]의 결과로 보는 입장에서는 근세일본과 근대일본을 연속선상에서 파악하는 것이 당연했다. 하마시타나 가와카츠에 비해 비교적 근대유럽의 계기를 인정하는 편인 스기하라도 서구의 충격의 의미를 한정적으로 보는 점에서는 마찬가지였다. 그는 아시아 경제사에서 웨스턴 임팩트가 갖는 의미에 대해 다음과 같이 이야기한다.

"19세기 이후의 웨스턴 임팩트는 아시아의 근대화 · 공업화에 결정적 역
할을 했지만, 공업화는 아시아 재래사회의 파괴 위에 이식된 것이 아니라
스미스형 성장하에서의 기술적, 제도적 축적을 기초로 하여 그 위에 구미
의 기술과 제도를 받아들임으로써 달성되었다"[60]

---

57) 速水融,「勤勉革命と産業革命」, 速水融 編, 앞의 책,『歷史のなかの江戸時代』,
    10~11쪽.
58) 일본 학계에서 유행하는 문명론적 에도사회론은 적극적인 근세 재평가 현
    상의 하나라고 할 수 있는데, 그 대표적 논자들이 하야미의 문하생들이라
    는 점은 흥미롭다. 앞서 소개한 기토 히로시(鬼頭宏)나 프로토공업화(Proto-
    industrialization)의 연구자인 사이토 오사무(齋藤修) 등이 대표적인 연구자들
    이다.
59) 川勝平太, 앞의 책,『「鎖国」と資本主義』, 33쪽.

아시아(실질적으로는 일본)[61]의 공업화가 재래사회의 파괴 위에 전개된 것이 아니라 "스미스형 성장"(= 동아시아형 발전 = 근면혁명)의 연장선상에서 달성되었다는 스기하라의 인식은 이하에서 보는 가와카츠의 생각과 완전히 일치하고 있었다.

개항 이후 "같은 아시아라는 후진 지역에 있으면서 왜 일본만 비참한 운명에서 벗어났는가?" 또 "후진 국가 가운데서 왜 일본만 맨몸으로 공업화에 성공했는가?"[62] 가와카츠는 이같이 문제를 설정한 뒤, 근대일본의 급속한 경제발전은 "노동집약형 생산혁명 가운데서 생겨난 근로정신에 구미의 노동절약적 기술"[63]이 더해져 "사상 최강의 생산기술체계를 확립"[64]함으로써 만들어진 합작품이라고 대답했다. 그는 개항 이후 일본공업화가 걸었던 길을 이렇게 설명한다. 근대 아시아의 개항은 유럽에 대한 개항임과 동시에 아시아 상호 간의 개항이기도 했다. 나가사키(長崎)나 광저우(廣州)에 한정된 관리무역체제가 폐지되고 일종의 자유무역시스템이 가동되어 아시아 간 경쟁이 재연되었다. 다시 경쟁에 휘말려 들어간 일본은 근세의 근면혁명 속에서 다져진 정신력과 서구기술을 조합하여 최강의 경쟁력을 확보했다. 당시 일본공업화의 경쟁 상대가 된 것은 "해양중국인"[65]과 인도방적업이었는데, 상황 속에서 "메이

---

60) 杉原薫, 앞의 논문, 「アジア間貿易からグローバル・ヒストリーへ」, 川勝平太 編, 앞의 책, 『グローバル・ヒストリーに向けて』, 29쪽.
61) 같은 논문에서 스기하라는 '동아시아형 발전경로'를 더욱 일반화시키기 위해 중국에도 적용할 뜻을 내비쳤으나(27쪽) 그 뒤 실증적인 연구는 없는 상태이다.
62) 川勝平太, 앞의 책, 『日本文明と近代西洋』, iv쪽.
63) 같은 책, 128쪽.
64) 川勝平太, 앞의 책, 『「鎖国」と資本主義』, 32쪽.
65) 같은 책, 179쪽.

지정부는 영사를 파견하여 통상보고를 작성케 하여 관민일체가 되어 아시아 마켓의 실태파악에 노력"[66]했다. 결과적으로 일본은 경쟁에서 승리했고, "그 과정에서 중국, 조선은 제3세계로 전락"[67]했다.

이로써 가와카츠의 해양아시아사는 모든 윤곽이 드러났다고 할 것이다. 이러한 역사상이 몇 가지 결정적인 문제점을 안고 있는 것은 분명하다. 먼저 근대일본의 자본주의적 발전을 16세기 이후의 생산혁명의 결과로 자리매김하는 가와카츠의 생각은 일본의 근대사에서 제국주의나 국가의 계기를 은폐하는 결과를 초래했다. 그의 주장에 따르면, 근세일본의 생산혁명이 해양아시아 간 경쟁에 대한 대응이었듯이 근대일본의 공업화도 새롭게 재현된 아시아 간 경쟁에서의 승리를 의미할 뿐이었다. 일본이 경쟁에서 우위를 점할 수 있었던 것은 근세의 생산혁명 가운데서 다져진 근로정신에 구미의 근대적 기술이 더해졌기 때문이라고 그는 설명하지만, 근대의 경쟁은 이미 공정함이나 자유와는 거리가 먼 것이었다. 근대일본의 자본주의화는 메이지정부나 그것에 의해 추진된 부국강병정책과 무관할 수 없었다. 따라서 중국과 조선이 "제3세계로 전락"한 것은 가와카츠가 이야기하는 것처럼 경쟁에서의 패배를 의미하기 이전에 동아시아에서 제국주의 시대의 개막을 상징하고 있었다고 할 것이다.

그러나 가와카츠의 문제관심은 오로지 "아시아에서 최초의 자본주의 국가"[68]가 된 근대일본의 문명사적 의의를 밝히는 데만 집

---

[66] 같은 책, 179쪽.
[67] 川勝平太, 앞의 책,『日本文明と近代西洋』, 92쪽.

중되었다. "근대아시아의 발전의 선회축이 된 것은 일본의 경제발
전"[69]이었고, 지금 "일본의 산업주의가 선회축이 되어 NIES, ASEAN
의 경제구조의 전환을 유발하고 더 나아가 그 다이너미즘이 중국
내륙부로 파급해 갈 가능성이 높다."[70] 이러한 아시아 근현대사에
대한 회고와 전망이 몇 가지 중요한 역사적 사실에 대한 망각과 편
견에 기초하고 있는 것은 물론이지만, 일본공업화의 역사적 재평
가를 목적으로 하는 그의 입장에서 볼 때 그 점은 그다지 중요한
일이 아니었다.

그렇다면 근대일본의 경제적 발전을 "아시아간 무역의 성장
엔진"으로 자리매김하는 스기하라의 경우는 근대 아시아 교역권에
서 일본공업화가 수행한 역할을 어떻게 평가하는가? 그는 다음과
같이 이야기한다.

> "일본의 대 아시아 공업품 수출은 (중략) 기타 아시아 국가들의 공업화
> 의 장애가 되는 계기를 가짐과 동시에, 한편에서는 다른 아시아 국가의 공
> 업화를 부분적이나마 자극하는 측면을 갖고 있었다. 일본의 공업화는 양면
> 에서 아시아의 공업화의 형태를 규정했다."[71]

스기하라가 생각하기에 근대 이후 아시아 교역권에서의 일본
의 역할은 매우 컸다. "아시아간 무역구조는 일본의 공업화가 엔진
이 되어 전체적으로 상품구성의 '고도화', 다시 말해 전통적인 아시

---

68) 川勝平太, 앞의 책, 『「鎖国」 と資本主義』, 167쪽.
69) 같은 책, 174쪽.
70) 같은 책, 210쪽.
71) 杉原薫, 앞의 논문, 「アジア間貿易と日本の工業化」, 浜下, 川勝 編, 앞의 책,
　　『アジア交易圏と日本工業化』, 246~247쪽.

아 역내무역에서 공업화를 축으로 하는 국제분업체제 확립의 방향으로 상당히 급속하게 진전"되어 갔으며, 근대일본이 "아시아의 발전에 가져온 정 부 양 측면에서의 전면적인 검토가 일본공업화의 역사적 의의를 확정하는 하나의 시금석이 될"[72] 것이라는 것이 그의 주장의 핵심이었다.

근대일본의 경제발전을 아시아 교역권 안에서의 경쟁의 승리로 설명하고 그것이 아시아의 경제발전에 가져온 직극적인 측면을 강조하는 역사상에서는 국가나 제국주의적 계기를 찾아볼 수 없다. 경쟁에서의 승리는 '공평한' 시장을 전제로 하기 때문이다. 그렇다면 전통적인 아시아 교역권의 거의 대부분의 영역에서 경쟁상대를 폭력적으로 구축한 '불공평한' 대동아공영권은 어떻게 설명할 것인가? 이 문제에 대해 스기하라는 1930년대의 기본문제가 "구미 없는 아시아간 무역"이라고 규정한 뒤 다음과 같이 발언했다.

> "일본자본주의논쟁 이래의 일본경제사 연구는 일본의 침략을 정당화할 것을 지나치게 두려워하여, 아시아경제의 통합이라는 적극적인 측면을 평가하기를 망설였다. (중략) 일본의 중화학공업화와 중국의 공업화가 동아시아 경제권의 자립성을 촉진해가고 있으며 동아시아의 구미와의 무역관계는 상대적인 축소로 향하고 있었다. (중략) 1930년대 아시아의 경제적 상호의존관계의 긴밀화는, 대공황의 영향을 완화하고 무역의 상호이익을 실현하여 아시아의 공업화를 도운 적극적인 측면을 갖고 있었다."[73]

스기하라도 아시아의 경제발전을 위해서는 "평등한 시스템"이

---

72) 같은 논문, 248쪽.
73) 스기하라 카오루, 앞의 책, 『아시아간 무역의 형성과 구조』, 159~160쪽.

필요했지만, 대동아공영권내에서 "국가 주권의 행사는 크게 제약"[74]을 받고 있었다는 점을 인정한다. 그러나 앞에서 소개한 바와 같이 종래의 일본경제사 연구가 일본자본주의를 주로 침략이나 식민지배에만 연결시켜 평가하는 경향이 있었다고 비판하는 스기하라는 1930년대 동아시아 경제블록의 적극적인 측면을 강조할 뿐이었다.

1980년대 '동아시아의 기적'과 일본자본주의의 역사적 역할을 정합적으로 설명하는 학설로 등장한 아시아 교역권론은 [해양아시아 간 경쟁 → 쇄국 → 근면혁명 → 생산혁명 → 개항 → 아시아 간 경쟁의 재연 → 경쟁에서의 승리 → 패전 → 경제부흥 → 일본을 선두로 한 NIES, ASEAN, 중국의 연쇄적 경제발전]이라는 역사상을 제시했다. 일본의 근세와 근대를 일체적으로 설명하는 연결고리로서 등장한 근면혁명론은 쇄국과 정체의 이미지로 덧칠되어 온 에도시대를 고도의 노동집약형·자본절약형 경제발전의 시대로 조형해 갔다. 근대일본의 공업화는 근세의 생산혁명을 기초로 하여 전개된 것으로, 그것은 메이지정부의 부국강병책의 결과가 아니라 정당한 경쟁에서의 승리를 의미했다. 이러한 역사상의 변천 과정 속에서 제국주의적 침략은 '아시아 간 경쟁'으로, 일본자본주의는 '일본공업화'라는 가치중립적 표현으로 거듭났다.

(2) 조공무역시스템과 근대

지금까지 아시아 교역권론의 대표적 논자 중에서 특히 가와카츠와 스기하라를 중심으로 논의를 전개해 왔다. 그것은 소론의 주

---

74) 같은 책, 163쪽.

제가 아시아 교역권론과 일본의 역사상의 변화의 관계를 묻는 한 불가피한 일이기도 했다. 그러나 이론의 국제적 지명도에 있어서 또 자신의 중국사연구를 근현대 일본의 역사인식에 대한 문제제기로 여기는 점에서 하마시타 다케시의 존재를 간과할 수 없을 것이다. 이하에서는 조공무역시스템의 근대적 전개와 일본공업화에 대한 그의 생각을 간단히 살펴보도록 하자.

근대 유럽이 전통적인 아시아 교역권 위에 "올라타는" 형태로 동아시아에 등장했다는 하마시타의 주장은 이미 소개했다. 그는 이렇게 말했다.

> "조공무역 관계에 기초한 아시아역(域) 무역권은 근대에 이르러서도 서양의 '진출'이나 '충격'의 내용을 규정하고 있었고, 서양의 진출에 의해 체결된 조약도 후술하는 바와 같이 실질적으로는 조공관계 속에서 처리되었으므로, 조공체제에서 조약체제로의 변화로서 아시아역권의 근대를 단계적으로 특징짓는 일은 불가능하다고 생각한다."[75]

이러한 역사인식에서 근세와 근대가 연속되는 것은 당연한 일이었다. 하마시타는 "동아시아 지역시스템의 구성과 그 주기적 변화의 다이너미즘"이 조공이 끝난 19세기 말로 전환된 것인지, 아니면 그것이 "마치 유전인자처럼 박혀"[76] 아직도 유지되고 있는지를 묻는다. 물론 이 물음에 대한 대답은 후자이다. 하마시타는 "새로운 광역 지역관계가 모색"되고 있는 오늘날, "후자의 시점에서 아시아사를 재고하고 아시아 지역 간 관계의 장래를 전망하는 틀을

---

75) 浜下武志, 앞의 책, 『近代中国の国際的契機』, 27쪽.
76) 浜下武志, 『沖縄入門 アジアをつなぐ海域構想』, ちくま新書, 2000, 122쪽.

열어가는 것이 현재 급무"77)라고 주장한다.

생각해보면 아시아를 국가 간 관계가 아니라 하나의 광역적인 "지역 간 관계"로 파악하고, 근대 아시아를 "아시아사의 역사적 계승태(繼承態)"78)로 인식하는 하마시타의 입장은 그의 중국사연구의 출발점이기도 했다. 예를 들어 그는 중국 이해의 채널을 국가 간 교섭을 중시하는 근대적 "베이징(北京) 루트"에서 화남(華南)지역을 중심으로 하는 역사적 "남쪽 루트"79)로 전환할 것을 주장한 바 있었는데, 그러한 발언이 국가 간 관계와 서구의 충격의 의미를 강조하는 종래의 연구를 상대화하려는 생각과 연동하는 것은 물론이다. 그는 중국의 근대를 양무→변법→혁명의 계기적 연속으로 파악하는 "시계열적 발전관"을 "서양 경유의 아시아 이해"라고 일축하며 "아시아의 내적 유대를 밝히는 연구시각"80)의 필요성을 제기했다. 이 같은 주장들이 기왕의 중국근대사 연구에 대해 많은 적극적인 문제제기를 하고 있는 것은 말할 나위도 없다. 그렇지만 "현대를 이해하는 단서"를 "19세기 후반 이후의 근대사가 아니라 그것을 더 거슬러 올라가기를 수백 년에 이르는 아시아 역내 경제사 속에서"81) 찾고자 하는 그의 연구는 동아시아의 역사에서 근대의 의미(제국주의, 국민국가, 불평등, 폭력 등)를 왜소화 내지 무화시키는 결과를 초래했다. 예컨대 종래 주로 구미와의 관계 속에서 이야기되어 온 "아편다툼(アヘン争)"82)도 "중앙 재정과 광둥(廣東)

---

77) 같은 책, 122쪽.
78) 浜下武志, 앞의 책, 『近代中国の国際的契機』, ii쪽.
79) 浜下武志, 앞의 책, 『香港』, 61쪽.
80) 浜下武志, 앞의 책, 『近代中国の国際的契機』, 220~223쪽.
81) 浜下武志, 앞의 책, 『朝貢システムと近代アジア』, 107쪽.
82) 하마시타는 아편전쟁을 "아편다툼" 혹은 "아편소기사건(アヘン焼棄事件)"으로

의 지방적 이해의 대립이라는 남북관계"83)의 측면에서 보았을 때, 그것을 "광둥무역의 이익을 둘러싼 중앙과 지방의 충돌, 남과 북의 대립으로 보는 것도 가능"84)하다고 그는 주장한다. 중국근대사의 민족주의적 파악을 거부하는 하마시타는 아편전쟁을 서양의 충격의 결과로 보는 "아편전쟁사관"을 "수동적인 아시아 근대역사상"85)의 하나라고 일축할 뿐이다.

그렇다면 그의 중국사연구의 또 하나의 주제인 수정되어야 할 "일본 근대역사상 혹은 대중국관계사상"이란 구체적으로 무엇을 가리키는가? 하마시타는 지금까지의 일중비교사를 아래와 같이 비판한다.

> "종래 일중비교사는 서양의 충격에 대한 대응의 차이로서, 그 근대화의 늦고 빠름이나 차이를 논해 왔다. 또 동아시아세계의 상호 관련 속에서 일중관계를 관계사로서 파악할 경우도, 일청전쟁을 계기로 한 일본의 대중국 진출에 의한 부국강병책의 전개로서 논해 왔다. 말하자면 '소서양(小西洋)' 화로 추적된 일본의 근대사이다. 그러나 (중략) 일본의 근대화가 중국을 중심으로 하는 조공시스템 안에서 어떻게 발생했는가라는 문제의식에서 파악하지 않으면 안 될 것이다. 결론적으로 보자면 중화 개념에 입각하여 아시아를 생각할 때 일본이 중화를 탈취하려 한 프로세스가 곧 일본의 근대화였다고 볼 수 있을 것이다."86)

이러한 발언을 이해하기 위해서는 약간의 해설이 필요할 것이

부른다.
83) 浜下武志, 앞의 책, 『沖縄入門』, 113쪽.
84) 같은 책, 118쪽.
85) 같은 책, 116쪽.
86) 浜下武志, 앞의 책, 『近代中国の国際的契機』, 40쪽.

다. 그는 먼저 지금까지의 일중관계사가 서양의 충격에 대한 양국의 대응의 차이나 청일전쟁을 계기로 한 일본의 중국진출 과정을 밝히는 데 주력했다고 정리한 뒤 그것을 "소서양화로서 추적된 일본의 근대사"라고 총괄한다. 이에 대해 하마시타는 일본의 근대사를 조공무역과의 관계 속에서 파악할 것을 제창하는데, 그런 입장에서 보면 일본의 근대화는 전통적인 조공무역 질서를 타파하는 과정에 다름 아니었다는 것이 그의 주장이었다. 즉 이런 이야기이다. 개항 이후 일본의 상업 활동이 아시아 교역권에서 당면한 현실은 전통적인 화상(가와카츠 헤이타류로 이야기하면 "해양중국인")에 의한 "상업관계의 독점적 장악"이었다. "근대일본의 공업화의 동기"는 그러한 중국 상업과의 경쟁적 관계 속에서 형성된 것으로, 개항 이후 "중국에 대한 상업적 진출의 실패와 에도시대부터 나가사키의 데지마(出島) 무역을 통해 일본과 관계를 맺어 온 강력한 화상 세력"[87]과 직면하면서 일본의 공업화는 시작되었다. 하마시타가 말하는 "일본이 중화를 탈취하려 한 프로세스"란 그러한 근대일본의 공업화를 자극적으로 표현한 말이었다.

　"상업적 진출에 실패한 메이지초기의 일본이 서양화와 공업화로 향하는 역사적 동인은 조공무역관계를 배경으로 한 중국 상인 및 중국 상업의 존재였다."[88] 이 말대로라면 근대일본의 서양화와 공업화를 초래한 원인이 중국 상인과 아시아 교역권에서의 일본의 상업적 진출의 실패에 있는 것처럼 들린다. 이 같은 일중관계사는 주객이 전도된 것처럼, 다시 말해서 일본의 "부국강병책의 전개"의

---

87) 이상, 같은 책, 40~41쪽.
88) 浜下武志, 앞의 책, 『香港』, 75쪽.

책임이 마치 중국 측에 있는 것같이 보이지만, 어쨌건 하마시타는 "자칫 일본의 직선적인 확장의 역사로 치부되기 쉬운 현재의 일본 근대역사상 혹은 대중국관계사상"에 경종을 울리며 "일본의 근대화를 서양화로 방향 틀게 한 동기가 대중국관계 속에서 발생"[89]했다고 주장했다. 조공무역시스템론은 문제의식의 유효성, 역사의 구상력, 그리고 이론적 체계성에 있어서 여전히 매력적인 학설이라 할 수 있다. 그러나 일본의 서양화를 중국의 상업적 우위에 대한 자위적 대응으로 설명하는 역사상은 근대일본의 상업적(= 평화적?) 승리의 역사에서 제국주의의 이미지를 탈색하는 결과를 초래했다.

4. 결론

이하, 아시아 교역권 논의에 보이는 몇 가지 특징을 지적함으로써 결론을 대신하고자 한다.

그 첫 번째 특징으로 지적할 수 있는 것은 지나친 소재주의이다. 아시아 교역권론은 교역권 그 자체에 대한 실증 연구가 먼저 있었다기보다 '동아시아의 기적' 내지 '일본의 부흥'이라는 눈앞의 현실이 있고나서 사후적 혹은 연역적으로 연구가 이루어진 '문제사적' 경향이 강하다. 근면혁명론에서 이야기하는 "근면"은 그 대표적인 예로, 고도성장기 일본인의 근면과 에도시대의 근면이 역사적 조건이나 문맥의 차이와 상관없이 동일시되었다. 그것이 과연

89) 같은 책, 79쪽.

학문적 결론인지 아니면 하나의 일본문화론인지 경계가 모호하다.

두 번째로는 경제지상주의적 성격이다. 스기하라는 이렇게 말한다.

> "(2차대전 이후 – 인용자) 민족독립과 그것을 둘러싼 냉전체제의 등장이, 전전이래 배양되어온 아시아간 무역의 역동성을 부인하고 아시아 인구의 대부분을 무역의 상호이익으로부터 격리시키는데 결정적인 역할을 하였다는 것은 분명하다. 반식민주의, 민족주의의 승리의 대가였다고 해도 그 선택은 너무나도 비싸게 치러졌다고 하지 않을 수 없다."[90]

앞에서 소개한 하마시타의 아편전쟁론도 같은 예로, 국제정치사적 의미를 극도로 경시한 경제사적 연구의 한 전형이라고 할 수 있을 것이다. 이런 점에서 근대전환기 농아시아 교역사 연구에서 "동아시아 경제사적 시각과 국제정치사적 시각을 겸비"[91]할 것을 주장하는 강진아의 지적은 적절하다.

세 번째 지적할 수 있는 점은 근대유럽에 대한 과소평가이다. 이 점에 대해서는 이미 이시이 간지(石井寬治)가 하마시타와 가와카츠의 가설의 근저에는 "근대 유럽세계가 다른 지역에 앞서 만들어낸 과학기술과 그에 입각한 산업혁명에 대한 독자의 과소평가가 존재"[92]한다고 지적한 바 있다. 프랑크(A. G. Frank)의 표현을 빌리자면, 유럽은 "아시아 경제라고 하는 열차의 3등칸

---

90) 스기하라 카오루, 앞의 책, 『아시아간 무역의 형성과 구조』, 453쪽.
91) 강진아, 『동순태호 동아시아 화교 자본과 근대 조선』, 경북대학교출판부, 2011, 30쪽.
92) 石井寬治, 「アジア貿易圏の形成と再編」, 浜下, 川勝 編, 앞의 책, 『アジア交易圏と日本工業化』, 266쪽.

에 달랑 표 한 장을 끊어" 올라탄 것에 불과했지만 "19세기에 들어서는 아시아인을 열차에서 몰아내고 주인 행세를 하는 데 성공"[93]한 것도 사실이다.

네 번째 특징은 문명론의 과잉이다. 예를 들어 가와카츠 헤이타는 실패한 서구적 근대의 대안으로 '일본문명'을 제안했다. 그는 "서양형 근세의 파산"이라는 현실이 "일본형 근세의 현대적 의미를 회고"[94]하는 계기가 되고 있다고 말하면서 두 문명을 다음과 같이 비교한다. 신대륙의 자원을 배경으로 한 서구문명은 기본적으로 자원낭비형 문명이자 전쟁을 내포한 문명이었다. '전쟁과 평화'의 세계관에 입각한 서구문명은 파워 폴리틱스와 환경문제를 야기했고 지금 그 한계를 노정한 상태이다. 이에 비해 일본문명은 '문명과 야만'의 세계관에 입각한 것으로, 군축(軍縮)과 모럴 폴리틱스로 귀결되었다. 그것은 근면혁명에서 볼 수 있듯이 자원절약형 = 친환경적 문명이었다. 그렇기 때문에 덕치주의, 비폭력적 백성, 인정(仁政), 군축 등으로 상징되는 일본의 근세는 포스트모던의 시대인 오늘날에 새로운 가능성을 지니고 있다는 것이 그의 주장이었다.[95] 1930년대 일본 교토학파의 '세계사의 철학' 내지 '근대의 초극'을 연상케 하는 이 같은 가와카츠의 발언은 사회과학적 현실분석의 결과라기보다 서양에 대한 굴절된 콤플렉스 혹은 아이덴티티 탐구라는 이름의 내셔널리즘의 표출에 지나지 않는다. 이러한 점에서 "연구의 영역을 실증과 반증이 가능한 분야로 한정하는 금욕이 필요"[96]

93) 안드레 군더 프랑크 저, 이희재 역,『리오리엔트』, 이산, 2003(원저는 1998), 106쪽.
94) 川勝平太, 앞의 책,『「鎖国」と資本主義』, 198쪽.
95) 이상, 같은 책, 197~201쪽.

하다는 후루타 가즈코의 지적은 중요하다.

다섯 번째로 아시아 교역권 논의의 저변에 흐르는 강한 역사수정주의 경향이다. 봉건적 수탈, 전제 권력, 기근, 농민봉기로 얼룩져온 일본의 근세는 생활혁명, 에콜로지, 화려한 도시문화의 이미지로 변해갔다. 동시에 근대는 부국강병, 제국주의, 노동착취, 군국주의, 전쟁, 식민지의 시대에서 자유무역, 공평한 경쟁, 상업적 승리의 시대로 바뀌었다. 아시아 교역권 논의는 아시아의 경제성장을 설명하는 데 있어 유교자본주의보다는 훨씬 지적이고 세련된 내용이지만 결국 하나의 사후적인 정당화라는 위험성이 항상 배후에 도사리고 있다고 할 것이다.

아시아 교역권 논의의 주창자들은 대부분 1940년대에 출생한 사람들이다. 그들은 전후일본의 고도성장과 함께 성장했고, 그들이 사회에 진출했을 때 일본은 이미 '경제대국'이었다. 의식적인 노력이 동반되지 않는 한 그들은 전쟁을 모르는 세대였다. 그런 만큼 아시아에 대한 죄의식도 없었다. 학문의 세계에서 그들이 대결한 상대는 전후 일본사회에서 '진보적' 역사학을 견인한 마르크스주의와 시민사회파 계열의 역사학이었다. 그들은 전후 일본 사회과학의 자성적인, 바꿔 말해 근대일본에 대해 비판적인 일본역사상에 위화감을 느끼며 자신들의 학문을 형성했다. 부정적인 근현대 일본역사상을 수정하고 '동아시아의 기적'이라는 당면한 현실 한가운데서 일본의 공업화와 경제발전을 재평가하는 작업은 말하자면 그들의 출발 철학이자 아이덴티티 탐구 그 자체였다고 할 수 있다. 아시아 교역권론은 전쟁을 모르는 전후세대의 아시아사이다. 오늘

96) 古田和子, 앞의 책, 『上海ネットワークと近代東アジア』, 214쪽.

날 아시아 교역권론은 일본 국내의 문맥과는 별개로 혹은 상관없이 해외학계에서 긍정적으로 소개되는 경우가 많다. 유럽중심주의의 극복과 내셔널 히스토리의 상대화라는 문제의식을 공유하고 있기 때문이다. 하지만 그것은 결론에 있어서의 일치에 불과하다. 우리는 지금 유럽중심주의와 함께 일본의 역사수정주의를 경계하며 새로운 아시아사를 구상해야할 시점에 있다.